ムラヨシマサユキの バター菓子

温度と混ぜ方を変えて
最高に美味しく作る。

ムラヨシマサユキ

はじめに

僕は料理を作ることが大好きですが、
そのレシピの裏側を深く探ることにも興味があります。
そうすることで次回作るときのヒントを得たいのです。

なかでもお菓子作りにその気持ちが顕著に現れます。
それはお菓子が材料の化学変化によってでき上がるからです。

ひとつひとつ材料の配合と工程に理由があるから、
思いつきで材料を増減したり、
場当たり的な作り方をするとまったくの別物が生まれてしまう。
失敗するたびに、レシピの成り立ちをもっと知りたくなります。

僕が学んできたヨーロッパのお菓子の主材料は、乳、糖、卵、粉。
それぞれが適量ずつ正しく絡み合うと美味しいお菓子になります。
主材料はお菓子の味を決めるだけでなく、
形を担う、食感や質感のいしずえとなっているのです。

特に乳製品の「バター」は、
伝統的な焼き菓子やクリームにおいて
ヨーロッパのお菓子にはなくてはならない材料です。

しかもバターはほかの材料と違い、
固形のとき、クリーム状のとき、半液体のとき、液体のときと
作るお菓子によって、適しているバターの状態があります。
同じバターでもそれぞれ違う特性を活かして扱うと、
お菓子はさらに美味しく作ることができるのです。

本書はバターにおける僕のお菓子作りのすべてをまとめました。
こだわりの作り方には、理由も事細かく記しています。

ちょっとした温度や混ぜ方による違いで
驚くほど美味しく仕上がる、
バター菓子の世界をあますことなくご紹介します。

　　　　　　　　　　　　　　　　　　　　　ムラヨシマサユキ

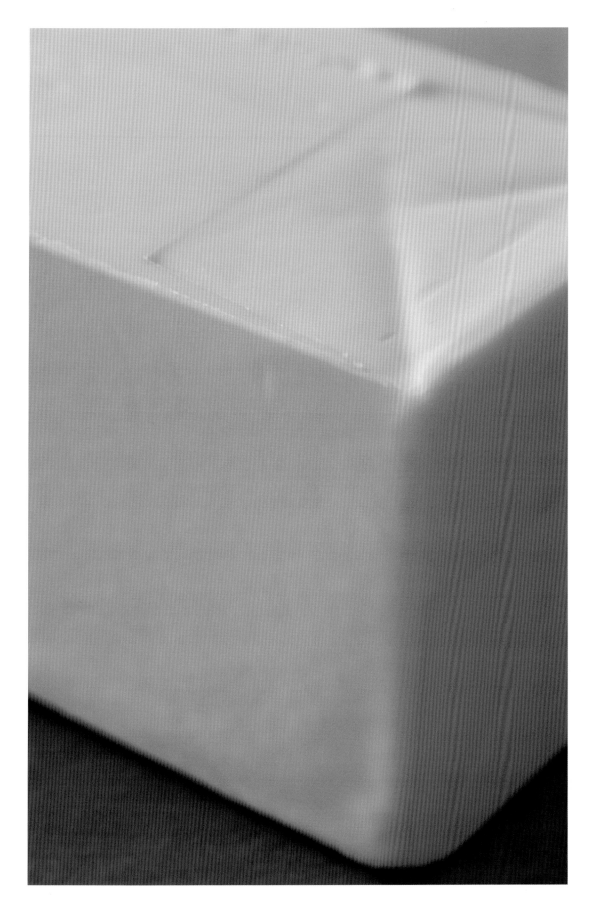

Contents

13℃のバター
- 卵サブレ …………………………… 14
- ショートブレッド ………………… 16
- スコーン …………………………… 18
- ショソン・オ・ポム ……………… 20
- ビション・オ・シトロン ………… 24
- パルミエ …………………………… 26
- ガレット・デ・ロワ ……………… 28
- フィユタージュ・アンヴェルセ … 32
- フィユタージュ・ラピッド ……… 35

15〜18℃のバター
［ショートニング性］
- ディアマン ………………………… 38
- ガレット・ブルトンヌ …………… 40
- タルト・ポワール ………………… 42
- フロランタン ……………………… 44
- ブリオッシュ・ナンテール ……… 46
- チーズシュガーブリオッシュ …… 50

18〜20℃のバター
［クリーミング性］
- カトルカール ……………………… 54
- ヴィクトリアサンドイッチケーキ … 56
- バターサンドクッキー …………… 58
- ガトーモカ ………………………… 60

18〜20℃のバター
［ショートニング性＆クリーミング性］
- ガトーバスク ……………………… 66
- ドレッセ・ショコラ ……………… 68
- 抹茶のシュトーレン ……………… 70

半溶けバター
- クランブルマフィン ……………… 76
- アールグレイとポピーシードのケーキ … 78
- はちみつのチュイル ……………… 80
- サブレクロッカン ………………… 82

溶かしバター
- マドレーヌ ………………………… 86
- パン・ド・ジェーヌ ……………… 90
- ホットケーキ ……………………… 92
- レモンバターカステラ …………… 94
- バターキャラメル ………………… 98
- 塩キャラメルペースト …………… 100

焦がしバター
- フィナンシェ ……………………… 106
- グランフィナンシェ ……………… 110
- クレープ・シュゼット …………… 112
- カヌレ ……………………………… 114
- ガトーウィークエンド …………… 118
- ベルギーワッフル ………………… 122

- バターについて …………………… 6
- バターの特性
  「ショートニング性」と「クリーミング性」について …… 7
- バターの温度で美味しさが変わる！
  「クッキーとパウンドケーキ」 …… 8
- 「バターの溶かし加減で変わる風味」 …… 124
- バター菓子で使うおもな材料 …… 126
- バター菓子で使うおもな道具 …… 127

バター菓子を作る前に

- オーブンは使う前にしっかり予熱してから焼いてください。
- 本書で紹介している焼き菓子は家庭用オーブンで焼成する際の温度、時間を紹介しています。オーブンの機種や性能により、差があります。焼き上がりは本書の写真を参考にし、記載されている時間で焼けるように温度を調整してください。
- 小さじ1は5mℓ、大さじ1は15mℓです。
- ごく少量の分量は「少々」または「ひとつまみ」としています。「少々」は親指と人差し指でつまんだ分量で、「ひとつまみ」は親指と人差し指と中指、3本でつまんだ分量になります。
- 「適量」はちょうどよい分量、「適宜」は好みで入れなくてもよいということです。
- 本書でのバターはすべて「食塩不使用」の無塩バターを使っています。

バターは牛乳の乳脂肪を凝縮させて作られたものです。
製造過程で1〜2％の食塩を添加するかしないか、
乳酸菌で発酵させるかしないかにより、
有塩と無塩の非発酵バター、有塩と無塩の発酵バター、
計4通りの種類が作られています。

日本では非発酵の有塩バターが多く流通していますが、
お菓子作りでは味のコントロールがしやすい
食塩不使用の無塩バターが適しています。
乳酸菌による発酵バターは独特の豊かな風味を持ち、
お菓子に芳香や味の特徴を出したい場合に使うと効果的です。
ただ非発酵バターがお菓子作りにおいて劣っているということではなく、
優しい味わいで、ほかの素材の味を邪魔しない利点があります。

また近年では、「grass-fed butter（グラスフェッド・バター）」という、
牧草のみで飼養された牛の牛乳で作られたバターが手に入るようになりました。
これも有塩、無塩、非発酵、発酵のものがあります。
グラスフェッド・バターは牧草は影響してカロテンが多く、黄色味が強くなります。
ミルキーな軽いコクがあり、後味はすっきりさっぱりしています。
また製造される季節により、牧草の香りにハーバルな違いがあるのも特徴です。
少し高価なためあまりお菓子には使用しないことが多いですが、
魅力的なバターのひとつなので機会があれば味わってみてください。

バターについて

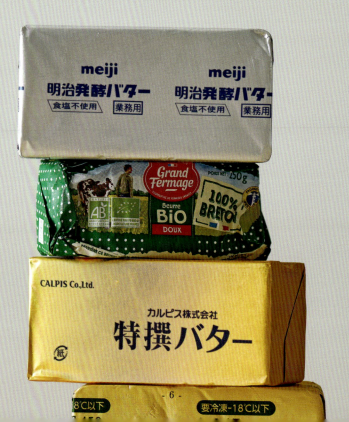

バターの特性
「ショートニング性」と「クリーミング性」について

「ショートニング性」
サクサク軽い生地のお菓子に。

15〜18℃のバターが小麦粉や生地と混ざると、ほかの材料の間に粘土のように膜状にのびて広がって留まり、生地のかたさやしなりなどの食感を担います。また小麦粉のグルテンの形成を抑え、軽い食感のお菓子に仕上げられる力があります。ちなみに15℃以下のバターは膜状にのびず、粒状になって生地に広がるのでグルテンの形成は抑えることができません。また溶けたバターは生地材料の粒子に染み込んでしまうため、サクッとした軽い食感のお菓子には仕上がりません。

「クリーミング性」
生地がふんわり膨らみ、口当たりも滑らかに。

18〜20℃のやわらかいバターを泡立て器などで混ぜると、バターの中に気泡が取り込まれ、そのバターで生地を作ると焼成時にその気泡のひと粒ずつが膨らみ、生地をふっくら持ち上げて口溶けのよいお菓子に仕上がり、また口当たりも軽くなります。ちなみに一度溶けたバターを18〜20℃に冷やしても結晶の大きさが変わってしまうので、泡立ててもクリーミング性は得られません。

バターの温度で美味しさが変わる！「クッキーとパウンドケーキ」

13℃のバター

固形のまま低温度で自由に形を変えて広がり、食感を変える。

外からの強い力で粘土のように変形し、生地の中に固形のまま薄く、また細かく散って焼き上がりのお菓子の食感を変える。このような状態で生地が焼成されるとバターは熱によって溶けて高温の揚げ油状態になって、生地内の水分を蒸発させ、またタンパク質に火を通して溶けたバターが生地に吸い込まれて焼き上がる。パイ生地、サブレなどがいちばんの代表例。

15〜18℃のバター
[ショートニング性]

膜状に広がって生地に練り込まれ、グルテンの形成を抑えて食感を軽くする。

冷たいが、押すと簡単に変形する状態。低温度の13℃よりもやわらかいため、生地に多く配合できる。生地に練り込まれることにより、ほかの材料の粒子をバターの薄い膜で覆い、小麦粉のグルテンの形成を抑え、もろい食感に仕上げる。

18〜20℃のバター
[クリーミング性]

やわらかく変形し続けながら気泡を取り込んで生地を持ち上げ、軽く仕上げる。

さほど冷たくなく、常温に近いバターは少しの刺激で簡単に変形する。この温度帯のバターは、泡立て器などで混ぜ続けると気泡を大量に取り込み、その気泡が生地の中に留まり、焼成時に生地を持ち上げてお菓子の食感を軽くする。ただ一度液体になったバターを18〜20℃帯に戻して混ぜても、油脂の結晶の大きさが変わっているため気泡は取り込めない。

（　クッキー　）　　　　　　　　　　　　　　　　　（　パウンドケーキ　）

サクッ、ホロホロと砂状に崩れるような食感になる。バターが低温度の固形のまま小麦粉の粒をコートするように行き渡るため、焼成時に溶けた箇所が凹み、表面は滑らかにならない。また食感はもろくなる。

ふんわりした弾力がなく、ボロボロと崩れやすい食感になる。バターが小麦粉の生地のグルテンの形成を抑え、焼成しても膨らみにくく弾力がない。

サクサクと口当たりの軽いクリスピーな食感。バターのショートニング性を活かし、バターを生地に練り込み、全体に行き渡らせることで小麦粉のグルテンの形成を抑えた生地に仕上げられる。また食感によってバターの配合量を調整できる。薄い膜状に生地に広がっているので生地表面は滑らかにに仕上がる。

小麦粉のグルテンの形成を抑えながらバターを練り込めるので、しっとりした生地が作りやすい。気泡を含まないのでケーキ自体の膨らみは弱いため、卵やベーキングパウダーなどで補う。

サクッと軽く割れ、シュワシュワ口溶けるエアリーな食感。バターに取り込んだ多量の気泡が生地を持ち上げ、その気泡を残して焼き上がるため口溶けはよいが、少々もろくなる。またクリーミング性を活かすほど生地表面は滑らかにならず、形はやや崩れ、広がって焼ける。

重たい質感の生地もふっくら軽く仕上げることができる。この温度帯のバターは細かい気泡をたくさん取り込めるので、ベーキングパウダーや重曹などを使用せずにしっかり膨らむ。

バターの温度で美味しさが変わる！「クッキーとパウンドケーキ」

半溶けバター

ほかの材料に早く馴染み、生地を安定させる固形バターの力を併せ持つ。

バターを温めて固形から液体へ変わる直前の状態。液体になりかけたバターは素早く材料に馴染んで染み込んでいく力と、まだ溶けていない固形のバターが材料を包み込んでいく力の両面がある。作業性がとても高く、お菓子の表面は少しかためだが、生地は軽さのある仕上がりになる。

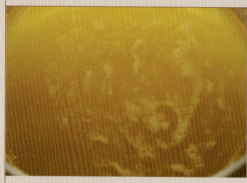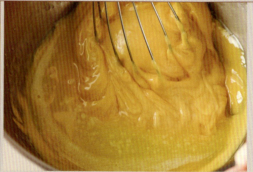

溶かしバター

バターの風味をダイレクトに味わえる。

温めて溶かしたバターにはショートニング性もクリーミング性も働かない。材料の粒子に染み込んだ状態で生地になる。そのため液体が多い場合は、ほかの材料に染み込みにくく分離してしまうことがあるので加える量に限度がある。しかし溶けたバターは芳香性に富み、それが染み込んだ生地はバターの風味をダイレクトに味わえる。ただ焼成時間が長過ぎると、風味が薄くなってしまう。

焦がしバター

煮詰めて焦がしたバターのまったりとした風味を味わえる。

溶かして煮詰めた焦がしバターにはショートニング性もクリーミング性も働かない。材料の粒子に染み込んだ状態で生地になる。そのため液体が多い場合は、染み込みにくく分離してしまうことがあるので加える量に限度がある。しかし唯一無二の甘くまったりした芳香性があり、それが染み込んだ生地はひと口で魅了されるバター菓子になる。溶かしバターと同様に焼成時間が長過ぎると、風味が薄くなってしまう。また煮詰めるときにバター内の水分が蒸発し抜けてしまうため、溶かしバターで作る菓子よりもパサついた生地になりやすい。

（ クッキー ）　　　　　　　　　　　　　（ パウンドケーキ ）

表面がクリスピーに仕上がり、ザクザクと小気味よい軽い食感になる。溶けたバターが材料に染み込んで生地をかたく仕上げる一方、溶けていないバターが小麦粉のグルテンの形成を抑え、独特の食感を作る。

使うバターの半量が液体になっているため、生地を持ち上げるバターのクリーミング性の力は半減し、あまりふっくら仕上がらない。しかし完全に溶けていないため、お菓子は油っぽくならず、しっとりした食感になる。

液体になったバターで作った生地はとてもかたく、それでいてもろい。型抜き、切り出し、いずれも注意が必要になる。また生地がもろい反面、厚くして焼成すると瓦のようにかた過ぎるクッキーになってしまう。厚さ5mm以下の薄焼きにし、カリッと小気味よくクリスピーに仕上げるとよい。

バターの風味が濃く、しっとりした食感になる。クリーミング性が働かないため、生地を膨らませるためには卵やベーキングパウダー、重曹などの添加物を利用して気泡性を補うとよい。ただ焼成時間が長過ぎると、風味が薄くなってしまう。

 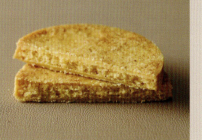　　

液体になったバターで作った生地はとてもかたく、それでいてもろい。型抜き、切り出し、いずれも注意が必要になる。また生地がもろい反面、厚くして焼成すると瓦のようにかた過ぎるクッキーになってしまう。厚さ5mm以下の薄焼きにし、カリッと小気味よくクリスピーに仕上げるとよい。

バターの風味が非常に濃く、どっしりした食感になる。クリーミング性が働かないため、生地を膨らませるためには卵やベーキングパウダー、重曹などの添加物を利用して気泡性を補うとよい。焼成時間が長過ぎると、風味が薄くなってしまう。

13℃のバター

卵サブレ（recipe → P.14）

/ 13℃のバター

卵サブレ

粉に冷たいバターをすり合わせて作るサブレ生地は
生地の粘りのグルテンの形成を抑える作り方なので、
クッキー生地の中でも特にホロホロと崩れやすい食感に焼き上がります。
そこへ茹で卵の黄身を混ぜ合わせると、さらにもろい生地に。
生の状態の黄身を混ぜるよりも卵の風味がよく出てくる味わいになるので、
バターの味わいの強いリッチな卵ボーロのようなクッキーに焼き上がります。

〈 材料 〉 直径5～6cm・12～15枚

バター … 100g
茹で卵の黄身 … 2個
溶き卵 … 25g
薄力粉 … 150g
粉砂糖 … 70g
塩 … ひとつまみ

〈 下準備 〉

* バターは1cm角に切り、冷蔵庫で冷やしておく。
  バターが大き過ぎると、フードプロセッサーで撹拌する際にその摩擦熱でバターが溶けやすくなるので注意する。

* 薄力粉、粉砂糖、塩は合わせてザルでふるい、ボウルに入れて冷凍庫で15分冷やしておく。
  バターが撹拌により緩みやすくなるので、粉類も冷やしておくとよい。また冷蔵庫より湿気を帯びないので冷凍庫がおすすめ。

* 溶き卵はよく溶き、使うまで冷蔵庫で冷やしておく。

* 焼くタイミングに合わせ、オーブンを180℃に予熱する。

〈作り方〉

1. フードプロセッサーにバターとふるった粉類を入れて撹拌する（**A**）。

   粉類がバターにサラサラのまま馴染み、黄色の細かいそぼろ状になるまで撹拌する。底からすくったとき、バターをまとった粉類がまだサラサラであることが重要。

2. 茹で卵の黄身と溶き卵を加えてさらに撹拌する（**B**）（**C**）。

   クッキーとして形を保ちにくいので卵を少し加える。また溶ききれていない卵白が残っていると、途端にクッキーがかたくなるのでよく溶き、冷やしておいたものがよい。

3. ボウルに生地を取り出す。混ざりのまだらな部分があれば、カードで切り混ぜ（**D**）、まだ残っているようであればボウルの側面に生地を押しつけながら混ぜ、均一にする（**E**）。

   フードプロセッサーで仕込むのはとても楽だが、完全に均一に混ざりにくいため、必ず目で見て確認し、手作業で足りないところを修正する。

4. オーブンシートの上に3をひとまとまりにし、平らにして置き（**F**）、ラップを被せて麺棒で5mm厚さにのばす（**G**）（**H**）。

   ラップで上下を挟むより、オーブンシートを片面利用すると生地が均一にのびやすい。また生地の厚さが5mm以下だと、焼いたあとに壊れやすいので5mm厚さがおすすめ。

5. 冷蔵庫で1時間置いて生地を休ませる。

   ここはのばしたときに形成されたグルテンを抑制するための休憩時間なので、冷凍庫に入れてはいけない。冷凍の温度だとグルテンはコシを保ったまま凍ってしまい、生地を休ませる時間にならない。

6. 直径4.5cmの花形の抜き型で生地を抜く（**I**）。オーブンシートを敷いた天板に置き、フォークでピケする（**J**）。

   生地はベタつきやすく、型抜きしにくいので、冷たいうちに作業すること。またピケを入れることで、生地の中心部の火通りもよくなる。

7. 温めたオーブンで15分焼き、天板ごとケーキクーラーの上で粗熱を取る。

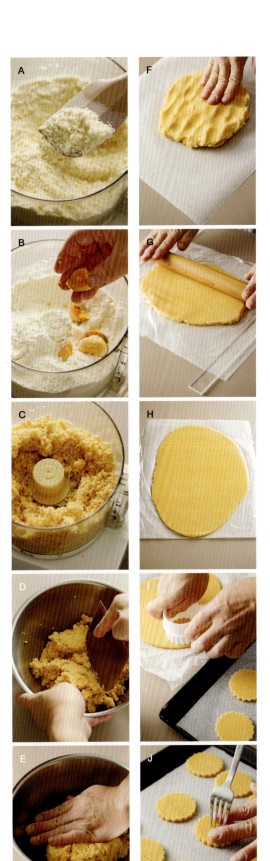

ショートブレッド

生地を型に入れて大きく焼き、割って楽しむクラシックなショートブレッドです。
型で焼けば、バター配合が多くてリッチな生地でも緩んで広がって焼ける心配がありません。
アーモンドパウダーを加え、歯応えと旨みも増強して味のバランスを取りました。
皮付きのアーモンドパウダーは、小麦粉の全粒粉のようにとても香ばしく、
じっくり焼き上げる生地の配合にすると、より香り高く焼き上がります。
またこのクッキーは粉砂糖より、粒の粗いグラニュー糖を使用することで
ザクザクした食べ応えのある食感にしています。

13℃のバター

〈材料〉直径18cmのタルト型・1台分

バター … 90g
牛乳 … 40g
A | 薄力粉 … 150g
  | アーモンドパウダー（皮付き）… 45g
  | スキムミルク（あれば）… 10g
グラニュー糖 … 50g
塩 … ひとつまみ

〈下準備〉

* バターは1cm角に切り、冷蔵庫で冷やしておく。
  バターが大き過ぎると、フードプロセッサーで撹拌する際にその摩擦熱でバターが溶けやすくなるので注意する。

* Aは合わせてザルでふるい、ボウルに入れて冷凍庫で15分冷やしておく。
  バターが撹拌により緩みやすくなるので、粉類も冷やしてもよい。また冷蔵庫より湿気を帯びないので冷凍庫がおすすめ。

* 焼くタイミングに合わせ、オーブンを170℃に予熱する。

〈作り方〉

1. フードプロセッサーにバターとAを入れて撹拌する。
   粉類がバターにサラサラのまま馴染み、黄色の細かいそぼろ状になるまで撹拌する。底からすくい、バターをまとった粉類がまだサラサラであることが重要。

2. ボウルに生地を取り出す。混ざりのまだらな部分があれば、カードで切り混ぜる。まだ残っているようであればボウルの側面に生地を押しつけながら混ぜ、均一にする。
   フードプロセッサーで仕込むのはとても楽だが、完全に均一に混ぜっていないため、必ず目で見て確認し、手作業で足りないところを修正する。

3. 生地をひとまとまりにして上から麺棒で押し、2cm厚さの円盤状に整えてラップで包む。冷蔵庫で1時間置いて生地を休ませる。
   ここはのばしたときに形成されたグルテンを抑制するための休憩時間なので、冷凍庫に入れてはいけない。冷凍の温度だとグルテンはコシを保ったまま凍ってしまい、生地を休ませる時間にならない。

4. オーブンシートの上に生地をのせ、ラップを被せて麺棒で1cm厚さの18cmの円形にのばす（A）。均等に麺棒で型のサイズに合わせて円形に整える。
   初めから力を入れてのばそうとすると楕円形になったり、生地が割れたり、形を整える修正の手間が発生してしまう。手数が多くなると、長時間焼いても焼けにくくなったりするので、ここは丁寧に行う。

5. 型に生地を入れ（B）、指の腹を使って縁の波形に合わせて生地をのばす（C）。
   過度に押して生地を凹ませないように注意する。

6. ペティナイフで表面に8等分の切り込みと飾り切りを入れ（D）、フォークで全体をピケし（E）、空気穴をあける。
   切り込みは好みの幅でつけてよい。切り込まず、竹串などでなぞったスジをつけてもよいが、焼いたあとの割り口は粗くなる。また生地の中心部が焼けにくくなるので、ピケはしっかり行う。

7. 温めたオーブンで30〜32分焼き、天板ごとケーキクーラーの上で粗熱を取る。

13℃のバター

〈材料〉 直径6cm・5〜6個分

バター … 100g

A｜薄力粉 … 300g
　｜ベーキングパウダー … 10g
　｜バターミルクパウダー（あれば）… 10g
　｜グラニュー糖 … 50g
　｜塩 … ひとつまみ

B｜卵 … 1個
　｜生クリーム … 30g
　｜プレーンヨーグルト（無糖）… 10g
　｜きび砂糖（あれば）… 5g

〈下準備〉

* バターは1cm角に切り、冷蔵庫で冷やしておく。
  バターが大き過ぎると、フードプロセッサーで撹拌する際にその摩擦熱でバターが溶けやすくなるので注意する。

* Aは合わせてザルでふるい、ボウルに入れて冷凍庫で30分冷やしておく。
  バターが撹拌により緩みやすくなるので、粉類も冷やしておくとよい。また冷蔵庫より湿気を帯びないので冷凍庫がおすすめ。

* Bは小さめのボウルに入れて泡立て器でよく混ぜ、冷蔵庫で30分冷やしておく。

* 焼くタイミングに合わせ、オーブンを190℃に予熱する。

〈作り方〉

1 フードプロセッサーにAを入れて1〜2秒撹拌する。続けてバターを加えて撹拌し、粒々の黄色のサラサラした粉状にする。
  最初に粉類だけで撹拌すると、気泡を含んでバターが混ざりやすい状態になる。バターは溶かさず、粉類をまとったバターがサラサラした状態にする。ここで溶かすと、バターが多い配合なので、油っぽい臭みが生地に出てしまうので注意する。

2 Bを加えて数秒撹拌し（**A**）、生地全体に馴染ませてボウルに取り出す。カードに持ち替え、さらに切り混ぜて卵液を吸わせた生地を均一にする。
  切り重ねて水分が多いところと少ないところを均一にする。

3 ボウルの中で生地を片手でぐっと押してひとつにまとめ、半分に切って重ねて押す（**B**）。これを2〜3度繰り返し、ラップを敷いたバットに入れてラップで包み、上から手のひらでぐっと押し込み（**C**）、生地をかためて冷蔵庫で1時間置いて休ませる。
  ここで過度に混ぜるとコシが出てしまい、真上に均等に膨らむ生地にならなくなってしまうので注意する。小さなバターの粒が散って残っていてもよい。またこの生地はバターを多く配合して焼いて緩くなる分、水分を減らしているので生地の状態はとてもかたい。そのため手作業で生地の厚みを均一に形よく整えるのが難しいが、バットに入れて板状に成形するとバターを溶かさずに手早く生地を整えられる。

4 生地を直径5cmの花形の抜き型で真上から均等な力で押して抜き（**D**）、オーブンシートを敷いた天板に並べる。残りの余り生地は優しくまとめ重ね、量が取れそうなら抜き型で抜く。余り生地は丸めて天板に置く。
  抜き型は丸形より花形のほうが、表面積が大きくなるので、形を保って焼きやすい。

5 表面にハケで牛乳を薄く塗る（**E**）。
  側面に牛乳を落としてしまうと、膨らみづらくなるので注意する。

6 温めたオーブンで15〜18分焼き、天板ごとケーキクーラーの上で粗熱を取る。

スコーン

かなりリッチなバターの配合にしました。
バターは多く配合するほど、焼いたときの形が保ちにくいので、
なるべく真上に膨らむように丁寧かつスピーディーに作業することが重要です。
また、まだらに混ざっていると傾いて膨らんだり、表面が割れて焼き上がってしまいます。

ショソン・オ・ポム

一般のパイ生地のようにバター生地で包んで折り込んだものではなく、
バターで生地を包み折り込んでいく
逆折り込みのパイ生地"フィユタージュ・アンヴェルセ"を使ったパイです。
"ショソン・オ・ポム"のような小さなパイの場合、
焼成中にフィリングが漏れないようにしっかり包み込むために生地の割合が多く、
食べると生地だけが口の中に残ることがありますが、
"フィユタージュ・アンヴェルセ"だとそれがありません。
ほろ苦いりんごのコンポートとサクッと崩れる生地とのコントラストを楽しんでください。

〈 **材料** 〉 直径12cm・7〜8個

フィユタージュ・アンヴェルセ（P.32参照）… 全量
りんごのコンポート
| りんご … 300g（正味）
| バター … 30g
| グラニュー糖 A … 25g
| ブランデー … 8g
| バニラエッセンス … 2〜3滴
| グラニュー糖 B … 20g
| コーンスターチ … 2g
| シナモンパウダー … 3g
シロップ
| グラニュー糖 … 63g
| 湯 … 50g
塗り卵 … 適量

〈 **下準備** 〉

* フィユタージュ・アンヴェルセは使うまで冷蔵庫で冷やしておく。
* シロップの材料は混ぜてグラニュー糖を溶かしておく。
* 焼くタイミングに合わせ、オーブンを190℃に予熱する。

〈作り方〉

1. りんごのコンポートを作る。りんごは皮をむき、8等分のくし形切りにして芯と種を取り、5mm〜2cm厚さのランダムな乱切りにする。
   <small>あえて均一に切らないことで、よく煮えて煮崩れたところと、りんごの味がしっかり残ったところを作り、単一な味にならないようにする。</small>

2. フライパンにバターを入れて中火にかけ、グラニュー糖Aを加えて褐色になるまで焦がし、りんごとブランデーを加える。

3. ゴムベラで混ぜながら、バターとカラメルをりんごに絡める。果汁が出てきて沸騰してきたらバニラエッセンス、グラニュー糖B、コーンスターチ、シナモンパウダーを加えて混ぜながら煮汁がなくなるまで煮詰める。
   <small>汁気をしっかり飛ばさないと、生地が生焼けになる原因となるので注意する。</small>

4. バットに取り出し、ラップを被せて冷ます。

5. フィユタージュ・アンヴェルセを冷蔵庫から取り出し、麺棒で5mm厚さにのばし（**A**）、直径10cmの花形の抜き型で抜く（**B**）。さらに麺棒で軽く一方向にのばして厚さ3mm、長さ15cmの楕円形にする（**C**）。
   <small>パイ生地はクッキー生地と違い、生地の層が重なってできているので、抜き型で軽く押した程度では生地が切れていないことが多く、断面がザラザラになって焼くと変形してしまうことがある。そのため型に力をぐっと入れ、1回ですぱっと抜くようにする。</small>

6. 生地の片側にりんごのコンポート大さじ1強をこんもりと置いて縁に薄く水を塗り（**D**）、反対側の生地で被せて指でしっかり閉じる（**E**）。
   <small>パイの膨らみが悪くなるので、生地の断面に水やフィリングをつけないことが大切。</small>

7　冷蔵庫で1時間置いて休ませる。

8　オーブンシートを敷いた天板に7を裏返しに置き（**F**）、ハケで溶き卵を塗る（**G**）。ペティナイフを45度に傾け、葉脈の模様を描く。中心の葉脈はやや深く、周りは浅く、等間隔で飾り切りをし（**H**）、天板に置き、竹串でピケをする（**I**）。
　裏返しにして平らな面を上にすることで、飾り切りがしやすくなる。またピケは飾り切りをした線上にすると、跡が目立ちにくくなる。

9　温めたオーブンで35〜40分焼き、天板ごとケーキクーラーの上にのせる。シロップを薄く塗り（**J**）、そのまま粗熱を取る。
　サクサク焼き上げた生地が湿気ないように、シロップは一度塗りで十分。また飾り切りの流れに合わせて一方向に塗ると、パイが壊れたり、はがれたりしない。

ビション・オ・シトロン

甘くてもろいパイと甘酸っぱいレモンカードのお菓子は、
フランスではポピュラーなお菓子。
グラニュー糖を打ち粉の代わりにたっぷり使って生地を仕上げ、
巻いて切り出した断面をわざと表にしてレモンカードを包んで焼きます。
断面を表にすると、生地がよりもろい食感になります。
またレモンカードは薄力粉よりコーンスターチを多めにし、
煮込み時間を短くしてレモンの爽やかな香りを残して仕上げています。

/ 13℃のバター

〈材料〉 直径12cm・7〜8個

フィユタージュ・アンヴェルセ（P.32参照）
　… 全量
レモンカード
　牛乳 … 125g
　卵黄 … 90g
　グラニュー糖 … 50g
　コーンスターチ … 20g
　薄力粉 … 10g
　レモン果汁 … 90g
　バター … 40g
グラニュー糖（粗目）… 適量

〈下準備〉

＊ フィユタージュ・アンヴェルセは使うまで冷蔵庫で冷やしておく。
＊ 焼くタイミングに合わせ、オーブンを190℃に予熱する。

〈作り方〉

1　レモンカードを作る。小鍋に牛乳を入れ、グラニュー糖のうち小さじ2を加え、沸騰寸前まで温めて火を止める。

2　ボウルに卵黄と残りのグラニュー糖を入れて泡立て器で少し白っぽくなるまですり混ぜ、コーンスターチと薄力粉を加えて粉気が見えなくなるまで混ぜる。

3　2のボウルに1の牛乳とレモン果汁を加え、泡立て器で混ぜて小鍋に戻す。

4　中火にかけて常に混ぜ、沸騰してきたら焦がさないように少し火を弱めて1分ほど混ぜ続けて艶を出し、バターを加えて混ぜる。

5　バットに取り出し、ラップをぴったり貼りつけて保冷剤などをのせて急冷する。
カスタードは卵と粉が混ざったクリームなので、とても傷みやすい。そのまま何もせず常温で粗熱を取ると、30〜40℃でゆっくり冷めていくことになり、食中毒の要因にもつながるので、必ず急冷する。

6　グラニュー糖を打ち粉の代わりに台にふり、フィユタージュ・アンヴェルセを25×45cmにのばす。全体にハケで水を薄く塗り広げ（A）、縦方向に巻き、巻き終わりを下にして3cm幅の7〜8等分に切る（B）。
水はごく薄く塗ることで、きれいな断面に切り揃えることができる。

7　断面を上にして巻き終わりを下に差し込み（C）、麺棒で3〜4mm厚さの楕円形にのばす（D）。
このときもグラニュー糖を打ち粉にする。グラニュー糖を使うことで、生地に甘みがついて焼き上がりの表面がカリッとした食感になる。ただ手早く作業しないと、生地がベタつき始めるので注意する。

8　生地の中央に5のレモンカード大さじ2を置き、縁にハケで薄く水を塗って反対側の生地で被せて閉じる（E）。
生地の縁はぴったり合わせるのではなく、上下どちらかをずらして重ねて長くなった側を上にする。そうしないと焼いている途中に上側になった生地が引きつり、きれいな形で焼き上がらなくなってしまう。

9　オーブンシートを敷いた天板にのせ（F）、温めたオーブンで25〜30分焼き、天板ごとケーキクーラーの上で粗熱を取る。

/ 13℃のバター

パルミエ

パイ生地をハート形に成形して焼くお菓子です。
生地に貼りつけたたっぷりのグラニュー糖を
焼成中にキャラメル化しながら焼き上げます。
"フィユタージュ・アンヴェルセ"で作ると、
サクッとした食感でカリッとかたまった
表面のキャラメルもくどくなく、
大きく作っても食べ飽きないお菓子になります。

〈材料〉 直径7～8cm・15～20枚

フィユタージュ・アンヴェルセ（P.32参照）
　　…半量
グラニュー糖（粗目）…適量

〈下準備〉

＊フィユタージュ・アンヴェルセは使うまで冷蔵庫で冷やしておく。

＊焼くタイミングに合わせ、オーブンを180℃に予熱する。

〈作り方〉

1　グラニュー糖を打ち粉の代わりにたっぷり台にふり、フィユタージュ・アンヴェルセを16×45cmにのばす。

2　全体にハケで水を薄く塗り広げ（**A**）、さらにグラニュー糖をふり、中心に向かって両端からそれぞれ3つ折りにする。
中心は指1本程度あけておくと（**B**）、あとの2つ折りがしやすい。

3　さらにハケで水を薄く塗り広げ、グラニュー糖をふり、2つ折りにする。ラップに包み、冷蔵庫で1時間置いて休ませる。
このとき表面についたグラニュー糖は払わなくてよい。

4　再び全面にグラニュー糖をまぶし、2cm幅に切る（**C**）。切った断面にもさらにグラニュー糖をまぶす（**D**）。

5　オーブンシートを敷いた天板に置く。生地は横に広がるので、縦長に並べるとよい（**E**）。

6　温めたオーブンで30分焼き、天板ごとケーキクーラーの上で粗熱を取る。
焼いている途中にパイ生地が浮いてきたり、変形してきたときは一度天板を取り出し、ヘラなどを使って形を整えて再び焼くとよい。

ガレット・デ・ロワ

キリスト教の祝日・エピファニー（公現祭）に
食べられるフランスの伝統菓子で、
アーモンドのクリームをパイ生地で包んで焼き上げます。
クリームの中には"フェーブ"という陶器のミニチュア、
またはアーモンドの粒を入れて作り、
切り分けてその"フェーブ"の入ったカットを誰が受け取るか、
1年の幸運を占う楽しみもあります。
サクサクとクリスピーな生地に対して、
フィリングはカスタードクリームにアーモンドのクリームを加えた
濃厚な"クレーム・フランジパンヌ"を合わせます。

〈 **材料** 〉 直径18cm・1個分

フィユタージュ・アンヴェルセ（P.32参照）
  … 全量

カスタードクリーム
| 牛乳 … 90g
| 卵黄 … 1個分
| グラニュー糖 … 25g
| バニラビーンズ … 1/4本
| 薄力粉 … 8g
| コーンスターチ … 2g
| バター … 2g

アーモンドクリーム
| バター … 35g
| グラニュー糖 … 35g
| アーモンドパウダー … 35g
| コーンスターチ … 2g
| スターアニスパウダー（あれば）… 少々
| 溶き卵 … 25g

コーヒー入り塗り卵
| インスタントコーヒー … 小さじ2
| 湯 … 小さじ1と1/2
| 溶き卵 … 40g

シロップ
| グラニュー糖 … 63g
| 湯 … 50g

〈 **下準備** 〉

* フィユタージュ・アンヴェルセは使うまで冷蔵庫で冷やしておく。
* 湯にインスタントコーヒーを溶かして溶き卵と混ぜ、ラップを被せて冷ましておく。
* シロップの材料は混ぜてグラニュー糖を溶かしておく。
* 焼くタイミングに合わせ、オーブンを200℃に予熱する。

〈作り方〉

1. フィユタージュ・アンヴェルセは2等分にし、それぞれ3mm厚さの20cm四方にのばす。オーブンシートを挟んで重ね、天板にのせて冷蔵庫で30分以上置いて休ませる。
   生地を薄くのばしてすぐに成形してしまうと、焼いたときに引きつったり、小さく縮んでしまったりするため、冷蔵庫でしっかり休ませることが大切。

2. カスタードクリームを作る。バニラビーンズはペティナイフの刃先で種子をこそげ出し（A）、グラニュー糖に入れて指の腹で摘んで馴染ませる。さやは取り置く。
   バニラのさやは強く押すと苦み成分が出てくるので、種子はナイフの背側の刃先で優しく押して取り出すこと。また種子は粘りでダマになっているので、グラニュー糖にまぶしながらひと粒ずつ引きはがすと、バニラの香りを余すことなく引き出せる。

3. 小鍋に牛乳と2のバニラビーンズ入りのグラニュー糖をひとつまみ入れて弱めの中火で温める。
   牛乳はそのまま温めると膜が張ってしまうので、少量のグラニュー糖を加えてから温める。

4. ボウルに卵黄と残りのグラニュー糖を入れて泡立て器ですり混ぜ（B）、薄力粉とコーンスターチを加えて粉気が見えなくなるまで混ぜる。
   グラニュー糖は溶け残しがあってもよい。逆に白っぽくなるまですり混ぜてしまうと、卵の風味が飛んでしまう。

5. 3の牛乳を加え、よく混ぜて馴染ませる。鍋にバニラのさやを入れ、ザルで濾しながら4を戻し入れる（C）。

6. 中火にかけて常に混ぜ、沸騰してきたら弱火にし、フツフツと沸騰した状態で1〜2分よく練りながら加熱して火を消す。バターを加え（D）、よく混ぜてバットに取り出す。
   カスタードクリームの卵液は、温めるとすぐにかたくなるが、その時点ではまだ火は通ってなく、火が通ったと勘違いしやすい。ここで火を止めず、そのまま混ぜながら加熱し続けると、沸騰した途端に艶が出て、とろとろに緩くなってくる。ここまで煮ないと粉っぽいカスタードになってしまうので注意する。

7. ラップをぴったり貼りつけて保冷剤などをのせて急冷する（E）。
   カスタードは卵と粉が混ざったクリームなので、とても傷みやすい。そのまま何もせず常温で粗熱を取ると、30〜40℃でゆっくり冷めていくことになり、食中毒の要因にもつながるので、必ず急冷する。

8. アーモンドクリームを作る。ボウルにバター、グラニュー糖、アーモンドパウダー、コーンスターチ、あればスターアニスパウダーを入れてゴムベラで混ぜ、混ざりきる直前に溶き卵を加え、馴染むまでよく混ぜる。
   アーモンドクリームは余計な気泡が入ると、加熱時に膨らみやすくなって冷めると縮むため、泡立て器は使わない。

9. 8のアーモンドクリームに冷やしたカスタードクリームを加えて混ぜ、クレーム・フランジパンヌを仕上げる。
   アーモンドクリームにカスタードクリームを加えたクレーム・フランジパンヌは、アーモンドのこっくりした旨みに、カスタードのミルキーな甘さが加わり、くどくなり過ぎず、奥深い味わいになる。

/ 13℃のバター

10 コーヒー入り塗り卵を作る。冷ましておいたコーヒー液と溶き卵を混ぜる。
コーヒーで色をつけると、焦がさずにしっかりした色の焼き色に仕上げることができ、飾り切りもくっきり浮き出る。また思ったほどコーヒーの風味は出ない。

11 台に1の生地1枚をのせ、直径18cmとその内側に直径15cmの円の跡をヴォロバンでつけ（F）、15cmの円の内側に9のクリームを山形に置いてフェーブを埋め込む（G）。
ヴォロバンがなければ、大きさの違う皿を使ってもよい。

12 11でつけた18cmの円に沿ってハケで水を薄く塗る（H）。もう1枚の生地を45度ずらして重ね、接着するように指の腹で押す（I）。そのままオーブンシートを敷いた天板にのせ、冷蔵庫で1時間置いて休ませる。
生地を45度ずらして重ねるのは、焼き縮みを最小限に止めるため。

13 12の生地に18cmのヴォロバンを当て（J）、ペティナイフで生地を切り取る（K）。オーブンシートを敷いた天板に裏返してのせる。
逆さまにして天板に置くのは、平らなほうが飾り切りをしやすくするためと、きれいな円盤状に焼くため。

14 ハケで表面にコーヒー入り塗り卵を塗り（L）、そのまま冷蔵庫で30分置いて乾燥させる。

15 再度ハケで生地に塗り卵を塗り、ペティナイフを45度に傾け、生地の中心から等間隔にカーブの飾り切りをする（M）。
等間隔に細かく切れ目を入れることで仕上がりがきれいになる。

16 温めたオーブンで20分焼き、さらに190℃に温度を落として40分焼く。

17 一度取り出し、熱いうちにハケでシロップを表面と側面に塗る（N）。

18 再度オーブンの温度を200℃に上げて1分程度入れてシロップを乾かし、ケーキクーラーの上で粗熱を取る。
オーブンで乾かすときに加熱し過ぎると、気泡が浮き出てかたまり、艶がなくなってしまうので注意する。

19 熱いうちに天板などを被せて軽く押さえて膨らみを平行に整える（O）。
焼成中も大きく膨らんでしまったり、傾いてしまったり、膨らみが均等でない場合は同様に整える。その場合、生地の表面が乾いていることがポイント。生地が半生のときに押さえてしまうと、パイのサクサク感が失われてしまう。

F

G

H

I

J

K

L

M

N

O

[フィユタージュ・アンヴェルセ]

バター生地でデトランプを包んで折り込んでいく逆折り込みのパイ生地です。
この方法にするとバターをより多く配合できる上、
サクサクした食感、口溶けのよい、相反する食感を両立できる生地になります。
また油脂分が多いため、折り込み途中の生地のグルテンを落ち着かせる
インターバルが少なくて済みます。
ただバターが多いので、最初の折り込みではバターが溶けやすく、
生地も扱いにくくいちばんの難関になります。
ですが、2回目以降の折り込みからは、打って変わって扱いやすい生地に。
折り込みの回数や、3つ折り、4つ折りなどの総層数は
作りたい食感によって変えてもよいでしょう。

〈材料〉 直径22〜23cmのパイ皿・2枚分

デトランプ
- 薄力粉 … 100g
- 強力粉 … 90g
- 溶かしバター … 60g
- 水 … 79〜81g
- 塩 … 7g
- 酢 … 2g

バター生地
- バター … 200g
- 薄力粉 … 45g
- 強力粉 … 35g

打ち粉 … 適量

〈下準備〉
* 溶かしバターは湯煎で人肌程度に冷ましておく。
* 水、塩、酢は混ぜておく。
* バターは1cm角に切り、冷蔵庫で冷やしておく。バターが大き過ぎると、フードプロセッサーで撹拌する際にその摩擦熱でバターが溶けやすくなるので注意する。
* バター生地の粉類は合わせてザルでふるい、ボウルに入れて冷凍庫で15分冷やしておく。バターが撹拌により緩みやすくなるので、粉類も冷やしておくとよい。また冷蔵庫より湿気を帯びないので冷凍庫がおすすめ。

〈作り方〉

「デトランプとバター生地を作る」

[1] デトランプを作る。フードプロセッサーに薄力粉と強力粉を入れ、撹拌しながら水、塩、酢を加える。ポロポロになってきたら溶かしバターを加え、生地が均一に馴染むまで撹拌する（**A**）。

このときに溶かしバターを使うのは、均等に油脂を混ぜ込んでのびやかな生地にするため。しかし溶かしたばかりの温かいものだと、粉のグルテンの形成を促してしまうため、必ず人肌程度まで温度を下げたものを使用する。

[2] ラップを敷いた20×16cm大のバットに入れ、手のひらで平らにならしてシート状に整える。ラップで生地を包み、冷蔵庫で1時間置いて休ませる（**B**）。

バットがあると形を整えやすい。デトランプはバター生地で包んで折り込んでいくので、かた過ぎると何度も麺棒で調整しなくてはいけなくなり、バター生地のバターを溶かしてしまう。デトランプを手でならしても敷き込みづらいほどかたい場合は、牛乳2〜5gを足して混ぜ、成形しやすいかたさに調整する。

[3] バター生地を作る。フードプロセッサーにすべての材料を入れて撹拌する（**C**）。ポロポロになってきたら（**D**）、ボウルに移してカードで切り混ぜながら生地を均一にする。

撹拌し過ぎてバターを溶かさないように気をつける。

[4] ラップを敷いた25×20cm大のバットに入れ（**E**）、手のひらで平らにならしてシート状に整える。ラップで生地を包み（**F**）、冷蔵庫で1時間置いて休ませる。

押して圧縮してシート状になればよいが、過度にボロボロしているときは、再度ボウルに入れてカードで切り重ね、粒状のバターを緩めてからシート状にする。

「折り込む」

1. バター生地に打ち粉をふり、麺棒で20×45cmの帯状のシートにのばす（**A**）。
   デトランプを巻くように包めればよいので、縦方向だけにのばす。

2. 打ち粉をハケで払い、バター生地の上にデトランプを置いて全体を包む（**B**）（**C**）。ラップで包んで上から手で押し、生地同士を密着させて冷蔵庫で1時間置いて休ませる。
   デトランプとバター生地をしっかり密着させておかないと折り込みにくくなり、不均等に膨らむパイ生地になってしまう。

3. （3つ折り1回目）生地の継ぎ目を縦にして置き、打ち粉をふって麺棒で25×50cmの帯状のシート状にのばし（**D**）、3つ折りをする（**E**）。再びラップで包み、冷蔵庫で1時間置いて休ませる。
   最初の折り込みはバター生地ももろく割れやすいが、気にせずに割れたところは手で寄せてくっつけてよい。

4. （3つ折り2回目）生地の継ぎ目を縦にして置き、3の作業を再度繰り返し、ラップで包んで冷蔵庫で1時間置いて休ませる。
   前回のばした方向から90度回転させた方向にのばすことで、グルテンのコシが出づらくのばしやすくなる。パイ生地はこうやって、一度のばした方向とは逆方向に交互にのばして折りたたんでいくことで、パイを焼くときの極端な焼き縮みを減らし、成形したままのきれいな形で均一に膨らんで焼き上げることができる。

5. （4つ折り1＆2回目）生地の継ぎ目を縦にして置いてのばし、中心に向かって両端からそれぞれ2つ折りにし（**F**）、さらに2つ折りにする（**G**）。
   折り込み3回目になると、途端に生地が扱いやすくなり、のばし作業がとても楽になる。バターが溶けるほどやわらかくなっていなければ、ここで生地を休ませず、再度向きを90度変え（**H**）、4つ折りにしてもよい。

6. 冷蔵庫で30分以上休ませたら、使用できる（冷蔵庫で48時間保存可能）。

[フィユタージュ・アンヴェルセ おすすめの折り込み回数] 折り込む回数が多くなると、繊細な食感のパイ生地になるが、ひとたびバターが緩んでしまうとタルトやクッキーのような食感になってしまう。フィユタージュ・アンヴェルセは、折り込みの回数を少なくするほうがおすすめ。

3×3×3×3＝81層	3×3×4×4＝144層	3×3×3×3×3＝243層
・サクサク感とフワッと感がある。 ・フィリングやクリームが主役になる。	・サクサク感がありつつ、口溶けがよい。 ・パイ生地もフィリングも美味しく味わえる。	・サクサク感がある。 ・パイ生地を強く感じ、口溶けはやや悪い。

13℃のバター

[フィユタージュ・ラピッド]

フィユタージュ・アンヴェルセよりも手軽に楽しめる生地です。
"ラピッド"とは速攻という意味で、
その名の通り、作りたいと思ってから数時間でパイが焼ける上、
かなり本格的な味、食感が作り出せます。
この生地はデトランプの中に木の葉状のバターが集結しているため、
時間が経つとバターが馴染んでタルト生地になってしまいますが、
打ち粉をたっぷり使ってのばしても、
あとで払えば、サクサクの食感になるのも利点です。

〈材料〉 直径22〜23cmのパイ皿・2枚分

薄力粉 … 125g
強力粉 … 125g
バター … 240g
冷水 … 110〜120g
塩 … 6g
グラニュー糖 … 3g
打ち粉 … 適量

〈下準備〉

＊バターは1cm角に切り、冷蔵庫で冷やしておく。バターが大き過ぎると、フードプロセッサーで撹拌する際にその摩擦熱でバターが溶けやすくなるので注意する。

＊粉類は合わせてザルでふるい、ボウルに入れて冷凍庫で15分冷やしておく。バターが撹拌により緩みやすくなるので、粉類も冷やしておくとよい。また冷蔵庫より湿気を帯びないので冷凍庫がおすすめ。

〈作り方〉

1 フードプロセッサーに粉類とバターを入れ（A）、バターが大豆大の粒状になるまで撹拌する（B）。
ここではあえてバターの粒を細かくし過ぎないことが、より本格的なパイ生地にするコツ。

2 冷水を加え（C）、さらに撹拌し水分を馴染ませ（D）、ボウルに取り出して切り混ぜてかたさを均一に整える。バターの粒がゴツゴツ残って見えている状態でよい。

3 ラップを敷いた25×20cm大のバットに敷き詰めて表面を平らにならして包み（E）、上からバットなどで圧縮してシート状に整える（F）。冷蔵庫で1時間置いて休ませる。

4 P.34の「折り込み」3〜5の作業を行う。

5 冷蔵庫で30分以上休ませたら、使用できる（冷蔵庫で48時間保存可能）。

15〜18℃のバター

[ショートニング性]

ディアマン (recipe → P.38)

/ 15〜18℃のバター ［ショートニング性］

ディアマン

生地の側面に貼りつけたグラニュー糖がキラキラ光ることから、
「ダイアモンド」という名前がついたアイスボックスクッキーです。
アイスボックスクッキーとは生地を棒状に成形してから一度冷やしかため、
包丁で輪切りにして焼いたクッキーのこと。
クッキー生地は卵白や薄力粉が多いほどかたさが出てしまいますが、
このクッキーは口に入れるとクリスピーなのにホロホロと崩れます。
それはバターのコクが味わえるようにギリギリまで粉を少なめにし、
さらにアーモンドパウダーを少し加えてもろさをプラスしているから。
側面のグラニュー糖は溶いた卵白で貼りつけると、
もろく崩れやすい生地を外側から補強ができます。

〈 **材料** 〉 直径5cm・15〜16枚分

バター … 50g
卵黄 … 10g
薄力粉 … 70g
粉砂糖 … 40g
アーモンドパウダー … 20g
塩 … ひとつまみ
卵白 … 適量
グラニュー糖（粗め）… 適量

〈 **下準備** 〉

＊バターは1cm角に切り、常温に戻しておく。

＊卵黄は常温に戻しておく。

＊粉砂糖はザルでふるい、アーモンドパウダー、塩と混ぜておく。

＊焼くタイミングに合わせ、オーブンを170℃に予熱する。

〈作り方〉

1. ボウルにバター、ふるった粉砂糖、アーモンドパウダー、塩を入れ、(**A**)、ゴムベラで粉っぽさが見えなくなるまで練り混ぜる(**B**)。
   粉砂糖は粒子が細かく舞いやすいので、ゴムベラで練り混ぜるほうがよい。またバターの多いクッキー生地は、気泡を混ぜ込み過ぎると、焼成時に生地の中心がドーム状に膨らんできたり、割れたり、だれて広がって焼けたりするので泡立て器は使わないほうがよい。

2. 卵黄を加えてよく混ぜて馴染ませる(**C**)(**D**)。
   卵黄はゴムベラで切るように混ぜると余分な気泡を含ませないで混ざり合う。

3. 薄力粉を加えてゴムベラで粉気が見えなくなるまで混ぜ、さらにボウルの側面に生地を押しつけるように数回混ぜ、生地を均一にする(**E**)。指で触っても手についてこないのが目安(**F**)。
   均一になることで、口当たりもきめ細かくなり、口溶けもよくなる。ただ力を入れると、薄力粉のコシが生まれてしまう。

4. 冷蔵庫で1時間置いて休ませる。
   冷蔵庫で冷やすことでグルテンを落ち着かせることができる。

5. 生地を台に取り出し、直径3cm、長さ22～23cmの筒状に成形してオーブンシートに包む。定規を外から当て、片方のシートを引っ張る(**G**)。
   シートが締め上がって形が整い、生地内にできた空洞などを取り除くことができる。

6. 冷蔵庫で1時間置いて休ませる。
   生地は冷凍庫で休ませてもグルテンは弱くならず、残ったまま凍ってしまうため、クッキーが引きつって変形するので冷蔵庫がよい。

7. バットにグラニュー糖を広げる。生地の表面にハケで溶いた卵白を薄く塗り、バットの中で転がし、表面にグラニュー糖を貼りつける(**H**)。
   手で生地を軽く押すように転がすとグラニュー糖がきれいに張りつく。

8. まな板に移して1.5mm幅に切り(**I**)、オーブンシートを敷いた天板に間隔をあけて並べる(**J**)。
   アイスボックスクッキーの生地を切り出すときは、一気に上から押し切るようにすると形が変形しない。

9. 温めたオーブンで16～18分焼き、天板ごとケーキクーラーの上で粗熱を取る。
   クッキーは裏面に焼き色がついていれば中まで焼けている。バターが多い生地なので、焼き立てをつまんだり、力任せにトングで挟むと砕けてしまうので、粗熱が取れるまでは天板の上で冷ます。

15〜18℃のバター［ショートニング性］

〈**材料**〉 直径6cm・6〜7個分

バター … 150g
粉砂糖 … 70g
A ｜ 卵黄 … 18g
　｜ 生クリーム … 10g
　｜ ラム酒 … 5g
　｜ きび砂糖 … 10g
　｜ 塩 … 1g
　｜ バニラエッセンス … 1〜2滴
B ｜ 薄力粉 … 150g
　｜ ベーキングパウダー … 1g

コーヒー入り塗り卵
　｜ インスタントコーヒー … 小さじ1
　｜ 湯 … 小さじ1
　｜ 溶き卵 … 25g

〈**下準備**〉

＊バターと卵黄は常温に戻しておく。
＊粉砂糖はザルでふるう。
＊AとBはそれぞれ混ぜておく。
＊湯にインスタントコーヒーを溶かして溶き卵と混ぜ、ラップを被せて冷ましておく。
＊焼くタイミングに合わせ、オーブンを180℃に予熱する。

〈**作り方**〉

1　ボウルにバターと粉砂糖を入れてゴムベラで練って馴染ませる。Aを少しずつ加えながらその都度よく混ぜる。

2　Bを加え、粉気が見えなくなるまで混ぜ、さらにボウルの側面に押しつけるように数回混ぜ、生地を均一にする。

3　台にオーブンシートを敷き、その上に生地を取り出して上からラップを被せる。手で押して平らにし、麺棒で1cm厚さにのばす。

4　天板に移して冷蔵庫で1時間以上置いて休ませる。

5　生地のラップを外し、直径5.5cmの抜き型で生地を抜き（**A**）、オーブンシートを敷いた天板に間隔をあけて並べる。
抜き出しはとにかく手早く行うこと。生地内のバターがどんどん溶け、生地が型でうまく抜き出せなくなるので注意する。抜きは真上からぐっと力をかけて抜き出すのがコツ。

6　コーヒー入り塗り卵をハケで薄く塗り（**B**）、そのまま冷蔵庫で30分置いて休ませる。
塗り卵は側面に落とさないように注意する。

7　冷蔵庫から生地を取り出して再度塗り卵を塗る。
塗り卵は時間を置いて2度塗ると、焼き上がりの表面が艶やかに仕上がる。

8　二股のフォークでクロスの模様を2つつけ（**C**）、直径6cmのセルクルを被せる（**D**）（**E**）。
模様付けは手早く行う。何度も線をなぞってしまうと、筋が深くなり、焼成中に表面が割れてしまう。

9　温めたオーブンで30〜33分焼く。天板ごとケーキクーラーの上にのせ、粗熱が取れてからセルクルを外して完全に冷ます。
焼き立ては生地がとてもやわらかいので、セルクルを外すのは、必ず粗熱が取れ、生地にかたさが出てきてからにする。

ガレット・ブルトンヌ

バターの塊を食べているような、バター配合量の高いクッキー。
粉と同量のバターを練り込んで作るため、生地も通常のクッキーより扱いが難しいです。
バターが溶け出さないように常に気を配り、素早く作業をこなしましょう。
また普通に焼いてしまうとバターが多い分、
オーブンの熱で広がって焼けてしまうのでセルクルを利用します。
生地をしっかり焼いて香ばしさを出すと、バターの香りが消されてしまうため、
じっくり焼きつつ、焼き色はほどほどにつけるのがよいです

タルト・ポワール

タルト生地を型に敷き込んでクリームとフルーツを盛りつけ、
一度に焼き上げるタルトを共焼きタルトといいます。
じっくり焼いてバターの風味が際立ったタルト生地のサクサク感とコックリ味のクリーム、
加熱されてジューシーに味が凝縮されたフルーツの組み合わせは最高に美味しいです。
ただ共焼きの場合、タルト生地に火が通らずに生焼けになりやすく、
それを防ぐため、タルト生地を型にぴったり敷き込むこと、
またオーブンをしっかり予熱しておくことが大切です。

15〜18℃のバター［ショートニング性］

〈材料〉 直径18cmのタルト型・1台分

タルト生地（2台分）
- バター … 125g
- 粉砂糖 … 100g
- アーモンドパウダー … 10g
- 卵 … 50g
- 卵黄 … 18g
- 薄力粉 … 250g

アーモンドクリーム（1台分）
- バター … 50g
- 粉砂糖 … 50g
- アーモンドパウダー … 60g
- コーンスターチ … 5g
- 溶き卵 … 40g
- 洋酒（ポワール） … 5g
- バニラエッセンス … 1〜2滴

洋梨のシロップ煮 … 250g（正味）
あんずジャム … 適量
打ち粉 … 適量

〈下準備〉
* タルト生地とアーモンドクリームのバター、卵、卵黄は常温に戻しておく。
* 洋梨のシロップ煮は汁気をきり、ペーパータオルの上で水気を取っておく。
* 焼くタイミングに合わせ、オーブンを170℃に予熱する。

〈作り方〉

1. タルト生地を作る。ボウルにバター、粉砂糖、アーモンドパウダーを入れてゴムベラで練って馴染ませる（**A**）。
   余計な気泡を入れないように泡立て器でなく、ゴムベラで練るように混ぜる。

2. 卵、卵黄を順に加え、その都度よく混ぜて馴染ませる（**B**）。
   寒い時期はバターが冷えてかたくなりやすいので、卵を加えるときは数回に分けて混ぜるとよい。

3. 薄力粉を加え、ゴムベラで粉気が見えなくなるまで混ぜ（**C**）、さらにボウルの側面に生地を押しつけるように数回混ぜて生地を均一にする（**D**）。
   ボウルの側面に押しつけて生地をすり合わせることで、材料同士が均一に混ざり合い、きめ細かなサクサクの食感の生地になる。

4. 半量ずつラップに包み（**E**）、平らに成形して冷蔵庫で置いて1時間以上休ませる。
   生地が均一になり、すり合わせたことで薄力粉のグルテンのコシが出てしまい、かたさが出るので必ず冷蔵庫で1時間置くことが大切。タルト生地は冷蔵庫で3〜4日、冷凍庫で2週間保存可能。冷凍したものは冷蔵庫で解凍してから使う。

5. アーモンドクリームを作る。ボウルにバター、粉砂糖、アーモンドパウダー、コーンスターチを入れてゴムベラで練るように混ぜ、混ざりきる直前に溶き卵、洋酒、バニラエッセンスを加えて馴染むまで混ぜる。
   ゴムベラで気泡を含ませないよう混ぜることが大切。

6. 生地半量を台に取り出して打ち粉をふり、麺棒で3mm厚さの円状にのばす。型に被せ、親指の腹で型の側面に生地を貼りつけるように型の縁に沿わせる（**F**）。
   タルト生地をのばしている途中に生地がやわらかくなってしまったら冷蔵庫で15〜30分休ませてから型に敷き込んでもよい。

7. 麺棒を型の上から転がし、はみ出た生地を切り取る。再度、親指の腹で押して型の角や側面に生地が敷き込まれているか確認して底面全体にフォークでピケし（**G**）、冷蔵庫で30分置いて休ませる。
   ピケは偏りがあると生地が引きつって浮き、生焼けになったりするので注意する。

8. 洋梨は縦7mm幅の薄切りにする。フルーツは個体が大きければ大きいほど焼きにくくなるので薄めがよい。

9. 型にアーモンドクリームを型の7割高さまで敷き込んで平らにならす。

10. 洋梨を外側から螺旋状に置く。

11. 温めたオーブンで45〜48分焼き、型ごとケーキクーラーの上で粗熱を取る。

12. 型から外し、小鍋にあんずジャムを入れて弱火で滑らかになるまで温め、中火に上げて沸騰してきたら熱いうちにハケでタルトの表面に薄く塗り、10分ほど乾かす。

15～18℃のバター［ショートニング性］

〈材料〉 4×3cm・12～14枚

タルト生地（P.43参照）… 半量
アーモンドスライス … 80g
バター … 50g
生クリーム … 50g
水あめ … 25g
はちみつ … 25g

〈下準備〉
* 天板にオーブンシートを敷く。
* タルト生地は使うまで冷蔵庫で冷やしておく。
* 焼くタイミングに合わせ、オーブンを180℃に予熱する。

〈作り方〉

1 タルト生地をオーブンシートとラップに挟み、3mm厚さの22cm四方にのばし、冷蔵庫で1時間置いて休ませる。
生地はのばした直後に焼くと縮んでしまうのでしっかり冷蔵庫で休ませる。また上にヌガーの層をのせるので3mm厚さがおすすめ。

2 アーモンドスライスは天板に広げ、150℃に温めたオーブンで10分ほど下焼きをする。
アーモンドスライスを取り出し、天板は冷ましておく。アーモンドの甘い香りが立つ程度に軽く焼く。またヌガーの色が白濁してザラザラした食感にならないように、細かく割れたアーモンドや粉は取り除く。

3 1の生地を天板にのせ、底にフォークでピケする（**A**）。
ピケのバランスが悪いと生地が引きつって焼けてしまうことがあるので、均等にピケする。

4 温めたオーブンで15～17分焼き、天板ごとケーキクーラーの上で粗熱を取る。

5 小鍋にバター、生クリーム、水あめ、はちみつを入れて弱火にかけ、バターを溶かして泡立て器で混ぜる。全体が混ざり合う前に沸騰させないようにする。

6 バターが溶けたら中火にして沸騰させる。115℃まで温度を上げ（**B**）、煮詰めたら火を止める。2のアーモンドスライスを加え（**C**）、ゴムベラで優しく混ぜる。
常に沸騰している中火程度がよい。強火だと温度が急激に上がっていってしまい、弱火だと時間がかかり、水分が飛んでヌガーがかたい食感になってしまう。またアーモンドスライスは割れやすいので注意する。

7 すぐに4のタルト生地の上に流しのせ、ゴムベラで均一な厚さに広げる（**D**）。
ヌガーは冷めてくると、粘りが出て広げにくくなるので、熱々のうちに表面を整える。

8 180℃のオーブンで再度15～18分焼く。焼けたら、オーブンシートごとケーキクーラーの上にのせて粗熱を取る。
生地の端や角、オーブンの奥のほうは焦げやすいので焼成中、焦げ始めている所がないか気をつける。

9 表面が触れる程度に粗熱が取れたら、ヌガーの面を下にして裏返してまな板にのせる。オーブンシートを外し、温かいうちにパン切り包丁で4×3cmの大きさに切る（**E**）。
三辺を切り落としてから切り分けると、均等な大きさにきれいに切ることができる。

10 ケーキクーラーの上で完全に冷ます。

フロランタン

「フィレンツェの」という意味のフランス菓子です。
サクサクに焼いたタルト生地の上に
アーモンド入りのキャラメルヌガーをのせます。
焼成が2回ありますが、1回目の下焼きで色濃く焼いてしまうと、
2回目の焼きのときに焦げてしまうので注意が必要です。
またヌガーは冷めてから切ろうとすると、
ヒビが入ったり、割れたりするので、温かいうちに切り分けましょう。

15〜18℃のバター ［ショートニング性］

ブリオッシュ・ナンテール

たっぷりのバターと卵を小麦粉と捏ね上げて焼くブリオッシュ。
パン作りにおいてバターを加えるタイミングはとても重要です。
油脂はパンの形を支えるグルテンの形成を抑えるため、
小麦粉のグルテンをしっかり引き出してからバターを混ぜていきます。
そうすると、バターがグルテンの膜をコーティングするように行き渡り、
今度はグルテンがのびやかに焼ける手助けをしてくれるようになります。
"ナンテール"はパリ郊外の街の名前で、
地元では長方形の型で2山になるように焼き上げるのが主流です。
今回はプチパンのように小さく丸めた生地を型に詰め、
バターが滲み出るようにバターの塊をのせて焼き上げます。
バターのリッチな味わいと滑らかな食感のパンです。

〈 材料 〉 18cmのパウンド型・1台分

バターⒶ … 60g

A｜強力粉 … 70g
　｜薄力粉 … 55g
　｜ドライイースト（耐糖タイプ） … 2g
　｜グラニュー糖 … 12g
　｜塩 … 2g
　｜アーモンドパウダー … 5g

B｜卵 … 25g
　｜卵黄 … 18g
　｜牛乳 … 45g

塗り卵 … 適量

バターⒷ … 25g

〈 下準備 〉

＊バターⒶとⒷは1cm角に切り、冷蔵庫に入れて冷やしておく。
＊Bは合わせて冷蔵庫で冷やしておく。
＊焼くタイミングに合わせ、オーブンを190℃に予熱する。
＊型にバター（分量外）を薄く塗っておく。

〈 作り方 〉

1 ボウルにAを入れて泡立て器で混ぜる（**A**）。
　粉類を泡立て器でひと混ぜすると、気泡が入り、このあとに加える液体が均一に混ざりやすくなる。

2 Bを加え（**B**）、ゴムベラで粉気が見えなくなるまで混ぜる（**C**）。生地を台に出し（**D**）、手のひらの付け根を使って台にすり込んでかたさを均一にする（**E**）。
　卵は粉類にただ混ぜただけでは、均一に混ざらないので、すり込んで混ざり具合を均一にする。このあとバターを多量に捏ね合わせていくため、この段階での生地はかたい。

3 さらに生地にコシと艶が出てくるまで捏ねる（**F**）。

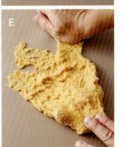

4 冷たいバター🅐を台に置き、拳でたたいて冷たいままやわらかくする（**G**）。3の生地にのせて包み（**H**）（**I**）、引きちぎっては集めてまとめるようにして生地とバターを捏ね合わせる。バターは生地の表面になすりつけるだけでは溶けやすくするだけなので、生地で包んでグチャグチャに引きちぎっては集めてまとめ（**J**）、再びグチャグチャに引きちぎっての作業を繰り返すとバターが手早く生地に馴染んでいく。

一度コシが鍛えられた生地は表面積が増え、早くバターが混ざっていき、再びコシが戻る。

5 生地の表面を張らせながら丸め（**K**）、ボウルに入れて濡れ布巾を被せて常温で30分置いてひと回り大きくなるまで予備発酵させる（**L**）。

このあと冷蔵庫でゆっくり発酵させるため、助走として常温で予備発酵させる。

15〜18℃のバター［ショートニング性］

6 軽く押さえて空気を抜き、平らにしてバットに入れる。ラップをぴったり被せて冷蔵庫で12時間置いて一次発酵させる（**M**）。
   低温でゆっくり発酵させることでバターが溶け出ず、焼いた際に発酵臭が残りづらい。

7 生地を常温に30分置いて復温させ、台に取り出して手で押して平らにする。8等分にし、切り口を寄せて丸めて閉じ口をしっかり閉じる（**N**）。閉じ口を下にして型に並べる（**O**）。
   生地は冷蔵庫で冷えているので、復温して二次発酵がスムーズにできるようにする。また生地はとてもやわらかいので、生地を傷めないように注意する。

8 濡れ布巾を被せ、型の縁1cm下まで生地が膨らむまで50〜60分二次発酵させる（**P**）。

9 生地の表面に塗り卵を塗り（**Q**）、中央の凹みにバター Ⓑ を置き（**R**）、温めたオーブンで28〜30分焼く。

10 型ごと台に軽く打ちつけてから型から外し、ケーキクーラーの上で粗熱を取る。

チーズシュガーブリオッシュ

ブリオッシュ生地はバターがたっぷり入っていてやわらかく、
丸く焼いてもだれて焼けてしまいます。
そこで"タルト・オ・シュクル（砂糖のタルト）"をヒントに、最初から平らに成形して
クリームチーズとシュガーをトッピングしたおやつパンを作ろうと考えました。
リッチでしっとりフワフワな食感を活かし、少し厚めに仕上げています。

15〜18℃のバター［ショートニング性］

〈材料〉 直径10cm・4個分

バター[A] … 60g

A ｜ 強力粉 … 70g
　｜ 薄力粉 … 55g
　｜ ドライイースト（耐糖タイプ） … 2g
　｜ グラニュー糖 … 12g
　｜ 塩 … 2g
　｜ アーモンドパウダー … 5g

B ｜ 卵 … 25g
　｜ 卵黄 … 18g
　｜ 牛乳 … 45g

C ｜ グラニュー糖 … 30g
　｜ きび砂糖 … 10g

クリームチーズ … 60g
バター[B] … 30g

〈下準備〉

* バター[A]は1cm角に切り、冷蔵庫に入れて冷やしておく。
* Bは合わせて冷蔵庫で冷やしておく。
* Cは混ぜておく。
* 焼くタイミングに合わせ、オーブンを190℃に予熱する。

〈作り方〉

1　ボウルにAを入れて泡立て器で混ぜる。
　　粉類を泡立て器でひと混ぜすると、空気が入り、このあとに加える液体が均一に混ざりやすくなる。

2　Bを加え、ゴムベラで粉気が見えなくなるまで混ぜる。生地を台に出し、手のひらの付け根を使って台にすり込んでかたさを均一にする。
　　卵は粉類にただ混ぜただけでは、均一に混ざらないので、すり込んで混ざり具合を均一にする。このあとにバターを多量に捏ね合わせていくため、この段階での生地はかたい。

3　さらに生地にコシと艶が出てくるまで捏ねる。

4　冷たいバター[A]を台に置き、拳でたたいて冷たいままやわらかくする。生地にのせて包み、引きちぎっては集めてまとめるようにし、生地とバターを捏ね合わせる。
　　バターは生地の表面になすりつけるだけでは溶けやすくするだけなので、生地で包んでグチャグチャに引きちぎっては集めてまとめ、再びグチャグチャに引きちぎっての作業を繰り返すとバターが手早く生地に馴染んでいき、再び戻る。

5　生地の表面を張らせながら丸める。ボウルに入れ、濡れ布巾を被せて常温で30分置いてひと回り大きくなるまで発酵させる。
　　このあと冷蔵庫でゆっくり発酵させるため、助走として常温で発酵させる。

6　軽く押さえて空気を抜き、平らにしてバットに入れる。ぴったりラップを被せて冷蔵庫で12時間置いて一次発酵させる。
　　低温でゆっくり発酵させることで、バターが溶け出さず、焼いた際に発酵臭が残りづらい。

7　生地を常温に30分置いて復温させ、台に取り出して手で押して平らにする。4等分にし、切り口を寄せて丸めて閉じ口をしっかり閉じる。

8　麺棒で平たくのばし、オーブンシートを敷いた天板に間隔をあけて置き、濡れ布巾を被せて15分二次発酵させる。

9　小鍋にバター[B]を入れて溶かして粗熱を取る。

10　膨らんだ生地に9を塗り（**A**）、指で3か所ずつ穴をあけ（**B**）、その穴にちぎったクリームチーズを入れてCをふる（**C**）（**D**）。

11　温めたオーブンで20〜24分焼き、天板ごとケーキクーラーの上で粗熱を取る。

18〜20℃のバター

[クリーミング性]

カトルカール (recipe → P.54)

18〜20℃のバター ［クリーミング性］

カトルカール

バターたっぷりの気泡を含ませたお菓子は、舌触りも滑らかで口溶けもよくなります。
カトルカールもバターのクリーミング性を活かしたお菓子ではありますが、
バター、砂糖、卵、粉を同量ずつ使って作るという伝統があり、
実際にその分量で作ると、卵の水分が多く、バターが分離してしまいがちでした。
それを防ぐため、バターをたくさん攪拌する必要がありますが、
その摩擦でバターの温度がどんどん高くなり、美味しいバターの状態を損なっていました。
このレシピはバターが美味しい状態のまま生地に焼き上がるように、
かつ安定して作れるように工夫しています。

〈材料〉 18cmのパウンド型・1台分

バター … 110g
粉砂糖 … 80g
きび砂糖 … 20g
アーモンドパウダー（あれば）… 10g
溶き卵 … 95g
薄力粉 … 110g
ブランデー … 30g

〈下準備〉

* バターと溶き卵は常温に戻しておく。
* 薄力粉と粉砂糖はそれぞれザルでふるっておく。
* 型にオーブンシートを敷いておく。
* 焼くタイミングに合わせ、オーブンを180℃に予熱する。

〈作り方〉

1 ボウルにバター、粉砂糖、きび砂糖、あればアーモンドパウダーを入れてゴムベラで練って馴染ませる（A）（B）。
　バターの香りと滑らかな口溶けの生地にしたいため、グラニュー糖より粉砂糖を使う。きび砂糖は食べたあとにコクを少し感じるように加え、アーモンドパウダーは生地にもろさを出す。

2 バターが白っぽくなるまでハンドミキサーの高速で混ぜる（C）。
　バターのクリーミング性を活かし、ハンドミキサーで白くふんわりするまでしっかり気泡を含ませる。

3 溶き卵を少しずつ加え（D）、その都度ハンドミキサーの高速で混ぜる（E）。
　卵を加える量は、季節や作業環境の温度で変える。暖かいときは最初に多め〜だんだん少なく、2〜3回に分ける。寒いときは最初に少なめ〜最後は特に少なめで4〜5回に分けて加えていくと分離の心配がない。

4 薄力粉を加え、ゴムベラで粉気が見えなくなるまで混ぜ、そこからさらに20〜30回混ぜて生地に艶を出す(**F**)。

    薄力粉はただ混ぜただけでは、ほかの材料と完全に繋がっていないので艶が出るまでよく混ぜる。バターの撹拌が足りないと、生地にかたさが出る。また焼き上がりになってよじれて膨らんだり、縮んで焼き上がったりする。ハンドミキサーでしっかり撹拌してバターに気泡を取り込めば、生地を艶が出るまで混ぜてもグルテンが出にくい。粉を加えて生地になったときに最適な気泡量に調整するため、ここでよく混ぜる必要がある。

5 型に生地を入れて平らにならす。型ごと数回落として空気を抜き(**G**)カードの平らなほうに米油(分量外)を少しつけ(**H**)、生地の中央に3〜5mm深さに差し込んで抜く(**I**)。

    カードで油の線をつけることで、きれいに割れて膨らむ。また油は無味無臭のものがよい。

6 温めたオーブンに入れて30〜35分焼く。

7 オーブンシートごと型から外してケーキクーラーの上にのせ、熱いうちにハケでブランデーを全面に塗り(**J**)、粗熱を取る。

/ 18〜20℃のバター ［クリーミング性］

〈材料〉 直径15cmの丸型・1台分

生地
- バター … 100g
- グラニュー糖 … 90g
- アーモンドパウダー … 10g
- 溶き卵 … 90g
- 薄力粉 … 90g
- コーンスターチ … 5g
- ベーキングパウダー … 1g

デコレーション
- 生クリーム … 150mℓ
- ラズベリージャム … 70g
- 粉砂糖 … 適量

〈下準備〉

* バターと溶き卵は常温に戻しておく。
* 薄力粉、コーンスターチ、ベーキングパウダーは合わせてふるっておく。
* 型にオーブンシートを敷いておく。
* 焼くタイミングに合わせ、オーブンを180℃に予熱する。

〈作り方〉

1 ボウルにバター、グラニュー糖、アーモンドパウダーを入れてゴムベラで練って馴染ませる。

2 ハンドミキサーの高速でふんわり白っぽくなるまで混ぜ、溶き卵を少しずつ加え、その都度よく混ぜる。

3 ふるった粉類を加え、ゴムベラで粉気が見えなくなるまで混ぜ、そこからさらに20〜30回混ぜて生地に艶を出す。

4 型に生地を入れて平らにならす。型ごと数回落として空気を抜き、温めたオーブンで30〜33分焼く。
　焼き上がりの目安は生地の中心に竹串を刺して生の生地がついてこなくなるまでだが、丸型はパウンド型より生地の中心部までの距離が長く、焼き時間が長くなる。ただしっかり焼くと、かたいケーキになってしまうので注意する。

5 オーブンシートごと型から外し、ケーキクーラーの上で冷ます。

6 ボウルに生クリームを入れ、氷水に当てながらハンドミキサーで八分立てになるまで泡立てる。

7 生地のオーブンシートをはがして半分の厚さにスライスする。生地の下部の断面にラズベリージャムと6を塗り広げ、上部の生地でサンドする。冷蔵庫で30分置いてクリームを落ち着かせ、粉砂糖をふる。
　ジャムを下にすると、ケーキを切り分けるときにクリームの断面をジャムで汚さずにきれいに切ることができる。

ヴィクトリアサンドイッチケーキ

本来のヴィクトリアサンドイッチケーキの生地は、
上下になる生地を別々の型で焼き上げるのが伝統です。
ただ短時間で焼けるものの、焼き面が多くなるため、かたい食感になりがち。
今回のレシピはバターケーキらしい香りを残しつつ、
アーモンドパウダーやコーンスターチ、ベーキングパウダーを加えた配合で、
もろい食感を出しつつ、クリームやジャムの水分を受け止める配合にしています。

18〜20℃のバター［クリーミング性］

〈材料〉 直径5cm・8〜9個分

タルト生地（P.43参照）… 半量

バタークリーム
- バター … 150g
- 卵黄 … 55g
- グラニュー糖 … 40g
- 水 … 40g
- オレンジエッセンス（あれば）… 適量
- ドライフルーツ（ラム酒漬け）… 適量

塗り卵 … 適量

〈下準備〉
* タルト生地は使うまで冷蔵庫で冷やしておく。
* バターと卵黄は常温に戻しておく。
* 絞り出し袋に10mmの丸口金をつけておく。
* 湯煎の湯（80〜90℃）を用意しておく。
* 氷水を用意する。
* 焼くタイミングに合わせ、オーブンを160℃に予熱する。

〈作り方〉

1　タルト生地をオーブンシートとラップで挟み、麺棒で3mm厚さにのばす。冷蔵庫で1時間置いて休ませ、直径5cmの抜き型で抜く。オーブンシートを敷いた天板に並べ、表面にハケで塗り卵を薄く塗る。

2　温めたオーブンで15〜18分焼き、天板ごとケーキクーラーの上で粗熱を取る。
バターサンドクッキーは2枚分の厚みをかじることになるので、3mmの厚さがベストなバランス。5mmの厚さだとクリームよりジャムや味の濃いものがバランス的に合う。

3　バタークリームを作る。ボウルにバターを入れ、ゴムベラでよく練る（A）。
卵黄にシロップを加えて泡立てていくため、バターが冷たいと混ざりにくく、また攪拌による摩擦でバターが溶けてしまい、バタークリームの口溶けが油っぽくなってしまうので温度や混ぜすぎに注意する。

4　別のボウルに卵黄を入れて泡立て器で白っぽくなるまで泡立てる（B）。
沸騰したシロップを加えるので、熱のショックでかたくボソつかないように、ここでしっかり泡立てる。

5　小鍋にグラニュー糖と水を入れ、中火にかけて煮溶けて沸騰したら火から下ろし、4の卵黄のボウルに入れて混ぜる。
このあとシロップはしっかり沸騰させること。温度が低いと、なかなか泡立たないまま熱が入り、スクランブルエッグになってしまう。

6　5を湯煎に当てながらハンドミキサーの中速で常に泡立てながら（C）、モコモコとかたく白くなってくるまで泡立てる。
湯煎の温度は沸騰直前にし、卵黄にしっかり熱を与えて殺菌も行う。

7　湯煎から外し、3分ほどそのまま泡立てて粗熱を取り、ボウルの底を氷水に当てて25℃まで一気に温度を下げる。
バターと混ぜても溶けない温度まで下げるのが目的。下げ過ぎてしまうと、混ぜにくくなることがあるので注意する。

8　7を3のバターに加え（D）、馴染むまでハンドミキサーで混ぜる（E）。あればオレンジエッセンスを加え、絞り出し袋に詰める。

9　2のクッキーを裏返し、それぞれに10〜12gずつクリームを絞り（F）、半分のクリームの上にドライフルーツ小さじ1をのせ、もう1枚のクッキーでサンドし、冷蔵庫で保存する。

バターサンドクッキー

クッキーサンドはおもにクッキーを楽しむものですが、
バタークリームが主役のクッキーサンドを作りたくて考えました。
クッキーに挟むのは卵黄とシロップを泡立ててバターと混ぜたバタークリーム。
マイルドでコクがありつつ、カスタードのような卵の香りとコクが加わり、
口溶けもよく、ひと口で満足できる味わいのクリームになります。

/ 18～20℃のバター［クリーミング性］

ガトーモカ

バタークリームのケーキには、卵風味のジェノワーズ生地や
アーモンド風味のジョコンド生地を使いますが、
より軽い食感でクリームよりも生地が先に口溶けるように
今回はロールケーキ用のスポンジ生地を使います。
またバターサンドクッキー（P.58）で使用したバタークリームでもよいですが、
卵黄のコクが少し重いと考え、
フワッとしたイタリアンメレンゲのバタークリームに。
このバタークリームは好みの香りや味を自由に追加できるのも利点。
今回のレシピではコーヒーの苦みや風味を楽しめるようにしています。

〈材料〉 8×23cm・1個分
＊26cm四方の天板を使用。

スポンジ生地
- 卵 … 150g
- グラニュー糖 … 60g
- きび砂糖 … 15g
- 薄力粉 … 50g
- 牛乳 … 15g

バタークリーム（イタリアンメレンゲ）
- バター … 225g
- 卵白 … 60g
- グラニュー糖Ⓐ … 30g
- グラニュー糖Ⓑ … 70g
- 水 … 30g

コーヒー液
- インスタントコーヒー … 10g
- 湯 … 20g

くるみ … 80g

〈下準備〉

＊薄力粉はザルでふるっておく。

＊牛乳は常温に戻しておく。

＊バターは常温に戻しておく。

＊湯煎の湯（80℃）を用意しておく。

＊コーヒー液の材料は混ぜてラップを被せて冷ましておく。

＊くるみは150℃に温めたオーブンで15分焼き、
　粗熱を取って5mm大に刻んでおく。

＊天板にオーブンシートを敷いておく。

＊絞り出し袋に10mmの丸口金をつけておく。

＊焼くタイミングに合わせ、オーブンを180℃に予熱する。

〈作り方〉

1 スポンジ生地を作る。ボウルに卵、グラニュー糖、きび砂糖を入れ、ハンドミキサーの低速で混ぜ、ボウルの底を湯煎に当てる。40℃になったら湯煎から外す。

2 ハンドミキサーを高速にしてリボン状になるまで泡立てる。

3 ハンドミキサーを低速にしてすくって落とすと、1分ほどゆっくりと混ぜてキメを整える。

4 薄力粉を加え、ゴムベラに持ち替えて粉気が見えなくなるまで混ぜる。

5 牛乳とコーヒー液半量を加え、コーヒー液の筋が見えなくなるまで混ぜたら、さらに50回混ぜる。

6 天板に流し入れてカードで平らにならし、刻んだくるみ25g分を散らす。数回落として空気を抜き、温めたオーブンで10〜12分焼く（**A**）。

　くるみの食感はコーヒー風味のケーキと合うが、ケーキが切り分けにくくなるので、刻む大きさは5mm大がおすすめ。また生地は強めにしっかり乾かすように焼くと、バタークリームと相性がよい。ジェノワーズやジョコンドの生地だと、組み立てる際にシロップを染み込ませないとパサつきが気になってしまうが、ロールケーキのスポンジ生地はもともとしっとりしているので、焼きを強めにして作ってもシロップが不要。

7 焼き上がったら、オーブンシートごと天板から外し、ケーキクーラーの上で粗熱を取る。

8 生地がしっかり冷めたら、4辺を1cmずつ切り落とし、帯状に3等分に切り分ける（**B**）。

9 バタークリームを作る。ボウルに卵白を入れ、ハンドミキサーの低速で混ぜてコシを切る。同時に小鍋にグラニュー糖Bと水を入れてゴムベラでさっと混ぜて中火にかける。

　シロップが118℃まで煮詰める時間と、卵白が泡立つ時間を同じにすることがイタリアンメレンゲでは大切。どちらかが早くできても、遅くできても、でき上がるイタリアンメレンゲの食感が悪くなるので注意する。

10 小鍋のシロップが沸騰してきたら、ハンドミキサーを高速にして卵白をさらに泡立て始める。白く泡立ち始めたら、グラニュー糖Aを加え、モコモコと泡立ってくるまで泡立てる。

　比較的卵白の泡立てのほうが中断しやすいので、ある程度泡立ったら、シロップの加熱温度と調整するとよい。

18～20℃のバター［クリーミング性］

11　シロップを118℃まで煮詰めたらすぐに卵白のボウルに加え、ハンドミキサーの高速で混ぜ続け、加えたシロップの粗熱が取れるまで泡立て続けてイタリアンメレンゲにする。艶のある、かたいメレンゲになったら、低速で混ぜて粗熱を取る。

　　シロップは100℃までは比較的早く温度が上がるが、110℃になるまでは少し時間がかかる。また110℃を超えると一気に温度が上がっていってしまうので、118℃のタイミングを逃さないようにする。もしイタリアンメレンゲができたときにまだ熱い状態だった場合は、低速で少し混ぜ続け、温度を下げる。

12　11のイタリアンメレンゲにバターを半量ずつ加え（**C**）、ハンドミキサーの中速でその都度混ぜ合わせる（**D**）。残りのコーヒー液を加え、しっかり混ぜてバタークリームを仕上げる（**E**）（**F**）（**G**）。

　　ほんのり温かいメレンゲにバターを加えて混ぜていくので、加えるバターが溶けてしまわないようにバターの温度は13～18℃がよい。また冷えていると、混ざるまでに時間がかかり、メレンゲが潰れて口溶けの悪いクリームになってしまうので注意する。混ぜた状態で10～20℃がベスト。

13　組み立てる。バタークリーム半量を絞り出し袋に詰め、1枚のスポンジの上に均等に絞り出し（**H**）、クランクナイフで平らにならす（**I**）。もう1枚のスポンジを重ねて軽く押して密着させる。

　　生地がやわらかいので、クリームを平らにならさないと、生地とクリームの間に隙間が生まれてしまうので注意する。

14　13と同様にバタークリームを絞り、残りのスポンジをのせて軽く押す（**J**）。

15　残りのクリームで上面と側面を塗り、側面のすそに残りのくるみを貼りつける（**K**）（**L**）。

16　冷蔵庫で1時間置いて休ませる。食べるときは2～3分ほど常温に置いてから切り分ける。

18〜20℃のバター
[ショートニング性&クリーミング性]

ガトーバスク（recipe → P.66）

ガトーバスク

ソフトなクッキー生地の中にカスタードクリームや
フルーツのコンポート、ジャムを詰めて焼き上げる、
濃厚な中に甘酸っぱいアクセントを味わえるバスク地方のお菓子です。
周りを囲むクッキー生地はやわらかく、
ナイフを当てればサクッと切れて口の中でホロホロ崩れ、
カスタードクリームとジャムが一緒に混ざり合います。
サクサクしつつもホロリとしたキメ細やかな、背の高いお菓子に仕上げるには、
バターのショートニング性とクリーミング性の利点をどちらも活用すること。
ただ生地はソフトですが、クッキー寄りの生地なので
パウンドケーキのように泡立て器でバターを撹拌しないほうがよいです。
バターが必要以上に気泡を抱き込むと
焼いた際に雪崩のように流れて焼けてしまったり、
型から溢れ出てくるような生地になってしまうからです。

〈材料〉 直径15cmの丸型・1台分

カスタードクリーム
- 牛乳 … 180g
- 卵黄 … 2個分
- グラニュー糖 … 50g
- バニラビーンズ … 1/3本
- 薄力粉 … 15g
- コーンスターチ … 4g
- バター … 5g

生地
- バター … 110g
- 粉砂糖 … 75g
- 塩 … ひとつまみ
- アーモンドパウダー … 45g
- 溶き卵 … 50g
- 卵黄 … 1個分
- ラム酒 … 5g
- 薄力粉 … 65g
- 強力粉 … 60g
- ベーキングパウダー … 1g

好みのジャム(サワーチェリージャムなど) … 20g
塗り卵 … 適量

〈下準備〉
* 生地のバターと卵類は常温に戻しておく。
* 生地の薄力粉、強力粉、ベーキングパウダーは合わせてザルでふるっておく。
* 生地の溶き卵、卵黄、ラム酒は合わせて混ぜておく。
* 型にバター(分量外)を薄く塗り、底にオーブンシートを敷いておく。
* 2つの絞り出し袋に10mmの丸口金をつけておく。
* 焼くタイミングに合わせ、オーブンを160℃に予熱する。

〈作り方〉

1 カスタードクリームを作る。バニラビーンズはペティナイフの刃先で種子をこそげ出し、グラニュー糖に入れて指の腹で摘んで馴染ませる。さやは取り置く。
バニラのさやは強く押すと苦み成分が出てくるので、種子はナイフの背側の刃先で優しく押して取り出すこと。また種子は粘りでダマになっているので、グラニュー糖にまぶしながらひと粒ずつ引きはがすと、バニラの香りを余すことなく引き出せる。

2 小鍋に牛乳と1のグラニュー糖1/4量を入れて弱めの中火で温める。
牛乳はそのまま温めると膜が張ってしまうので、少量のグラニュー糖を加えてから温める。

3 ボウルに卵黄と残りのグラニュー糖を入れて泡立て器ですり混ぜ、薄力粉とコーンスターチを加えて粉気が見えなくなるまで混ぜる。
グラニュー糖は溶け残しがあってもよい。逆に白っぽくなるまですり混ぜてしまうと、卵の風味の薄いカスタードクリームになってしまう。

4 2の牛乳を加え、よく混ぜて馴染ませる。鍋にバニラのさやを入れ、ザルで3を濾しながら戻す。

5 中火にかけて常に混ぜ、沸騰してきたら弱火にし、フツフツと沸騰した状態で1〜2分よく練りながら加熱して火を消す。バターを加え、よく混ぜてバットに流し入れる。
カスタードクリームの卵液は、温めるとすぐにかたくなるが、その時点ではまだ火は通ってなく、火が通ったと勘違いしやすい。ここで火を止めず、そのまま混ぜながら加熱し続けると、沸騰した途端に艶が出て、とろとろに緩くなってくる。ここまで煮ないと粉っぽいカスタードになってしまうので注意する。

6 ラップをぴったり貼りつけて保冷剤などをのせて急冷する。しっかり冷めたらゴムベラでよく練ってほぐし絞り出し袋に入れる。
カスタードは卵と粉が混ざったクリームで傷みやすい。そのまま何もせず常温で粗熱を取ると、30〜40℃でゆっくり冷めていくことになり、食中毒の要因にもつながるので、必ず急冷する。

7 生地を作る。ボウルにバター、粉砂糖、塩、アーモンドパウダーを入れてゴムベラで練って馴染ませる(**A**)。

18〜20℃のバター［ショートニング性＆クリーミング性］

8 　白っぽくなるまですり混ぜ、混ぜた卵類とラム酒を数回に分けて加え（**B**）、その都度よく混ぜて馴染ませる。
　　通常のクッキー生地よりもフワッとしたような質感になるまで混ぜると白っぽくなってくる（**C**）。そうすることでクッキー生地でも表面はサクサクしつつ、ホロホロ崩れるようなもろさが出る。またこのあと混ぜる薄力粉が余分なグルテンを出さないように粉の粒子の間に気泡が混ざり合ってくれる。これがショートニング性とクリーミング性を活かした生地の作り方。

9 　ふるった粉類を加え、ゴムベラで粉気が見えなくなるまで混ぜ（**D**）、さらにボウルの側面に生地を押しつけるように数回混ぜて生地を均一にし（**E**）、絞り出し袋に入れる。
　　カリッとさせたいクッキー生地やサクサクさせたいタルト生地はしっかりバターをすり混ぜる必要はない。すべての材料がしっかり混ざり合えばよい。

10 　型の底面に1段分絞り出し（**F**）、側面は3〜4cm程度の高さまで絞り出す。カードで表面を整え（**G**）、冷蔵庫で10分置いて休ませる。生地はなるべく均一な力で絞り出し、過度に分厚い箇所を作らないように気をつける。またカードで生地の隙間を優しく平らにならす。

11 　10の上にカスタードクリーム半量を絞り出して広げ（**H**）、その上にジャムを側面から2cm離して塗り広げる（**I**）。

12 　ジャムを覆うように残りのカスタードクリームを絞り出し（**J**）、さらにカスタードクリームを覆うように、残りの生地を絞り出す。カードで表面を整えて表面に塗り卵を薄く塗る。
　　ジャムの水分がカスタードの外に出てきてしまうと、焼成中に漏れてきたり、その箇所の生地がいつまでも焼けず生焼けになったりするので注意する。

13 　冷蔵庫で5分置いて表面を乾かし、再度塗り卵を塗り（**K**）、二股のフォークで模様を描く（**L**）。全体を竹串でピケし、温めたオーブンで50〜55分焼く。
　　表面はカードで力一杯ならそうとすると、はがれたり、動いたりしてしまう。カードを斜めに倒して優しく、短いストロークでならすときれいにできる。またタルト生地と同様に、底面の生地がなかなか焼けにくいので気をつける。

14 　型ごとケーキクーラーの上にのせ、粗熱を取る。
　　焼き上がりは中央が膨らんで焼き上がるが、冷めていくと平らになる。

18〜20℃のバター［ショートニング性＆クリーミング性］

ドレッセ・ショコラ

バターにたっぷりの気泡を含ませて生地を焼くと、
クッキーは口の中でシュワシュワととろけるような食感になります。
しかしバターがパウンドケーキを作るときのような温かいものだと、
星口金で絞ったスジも消えて、広がって焼けてしまうので
撹拌するバターの温度に注意しましょう。

〈材料〉 直径4cm・40枚分

バター … 100g
粉砂糖 … 50g
塩 … 少々
卵白 … 25g
薄力粉 … 90g
ヘーゼルナッツパウダー
　（またはアーモンドパウダー）… 30g
ココアパウダー … 8g
打ち粉 … 適量

〈下準備〉

* バターと卵白は常温に戻しておく。
* 粉砂糖はザルでふるっておく。
* 薄力粉、ヘーゼルナッツパウダー、ココアパウダーは合わせてザルでふるっておく。
* 天板に薄くバターを塗り、打ち粉少々をつけた直径3cmの抜き型で跡をつけておく。
* 絞り出し袋に10mmの星口金をつけておく。
* 焼くタイミングに合わせ、オーブンを160℃に予熱する。

〈作り方〉

1　ボウルにバター、粉砂糖、塩を入れてゴムベラで練って馴染ませる。

2　泡立て器に持ち替えて白っぽくなるまで混ぜ、卵白を加えてよく混ぜて馴染ませる（**A**）。
しっかり混ぜ、白っぽくフワッとした質感になるまで混ぜる。ただ艶が出てくると、バターの温度が高くなってきた目安なので、その際は冷蔵庫で4〜5分置いて冷やす。

3　粉類を加えてゴムベラで粉気が見えなくなるまで混ぜ、さらにボウルの側面に押しつけるように数回混ぜて生地を均一にする。
ヘーゼルナッツパウダーは、独特のキャラメルのような甘い香りと旨みがあり、ココア生地に混ぜると味の奥行きが出る。なければアーモンドパウダーでもよい。

4　絞り出し袋に生地を詰め、準備した跡を目安に「の」の字に絞り出す。

5　温めたオーブンで18〜20分焼き、天板ごとケーキクーラーの上にのせて冷ます。

A

18〜20℃のバター［ショートニング性＆クリーミング性］

抹茶のシュトーレン

シュトーレンはヨーロッパの伝統的なクリスマスシーズンに食べる発酵菓子。
スパイスの効いた生地にアーモンドペーストを包んで焼き上げ、
澄ましバターを染み込ませて砂糖で覆ったものが主流です。
近年日本でも広く販売され、日本独自のフレイバーや
作り方が模索されて毎年進化しています。
発酵菓子はお菓子とパンの両方の技術と知識をフル活用するので、
作り手にとって腕が試される一品です。
またシュトーレンは使う材料の種類の多さから、
日本の師走の慌ただしい中で作るより、
年明けにゆっくり作って食べたいと常に思っていたので
抹茶生地で白餡を包んだ和風のシュトーレンを思いつきました。
抹茶はバターと醗酵の香りや味が重なっても、主役でいてくれる素材です。
アーモンドペーストは餡と同じと考え、レシピを作りました。
バターを多量に使うので、発酵させるには中種法がいちばん安定します。
また発酵臭が残らないようにイーストも最少量にするように
バターをしっかり撹拌して気泡をたくさん含ませ、
気泡の力でも膨らむ口溶けのよい生地になっています。

〈材料〉 20cm長さ・1個分
＊直径18cmのパウンド型を使用。

中種
- 牛乳 … 45g
- 薄力粉 … 20g
- 強力粉 … 20g
- ドライイースト … 1.5g

本生地
- バター … 60g
- きび砂糖 … 15g
- 塩 … ひとつまみ
- アーモンドパウダー … 25g
- 卵 … 25g
- 強力粉 … 50g
- 薄力粉 … 40g
- 抹茶 … 18g
- スキムミルク（あれば）… 5g

餡
- 白餡 … 150g
- バター … 10g
- 桜の塩漬け … 10g（塩抜きしておく）

溶かしバター … 30g
グラニュー糖 … 適量
粉砂糖 … 適量

〈下準備〉

＊中種の牛乳は30℃に温めておく。
＊本生地と餡のバターは常温に戻しておく。
＊卵は常温に戻しておく。
＊強力粉、薄力粉、抹茶、スキムミルクは合わせて混ぜておく。
＊型にオーブンシートを敷いておく。
＊焼くタイミングに合わせ、オーブンを180℃に予熱する。

〈作り方〉

1. 中種を作る。小さめのボウルに牛乳、薄力粉、強力粉、ドライイーストを入れて混ぜ、ラップなどをして常温で40～60分置く（**A**）。
   焼き上がるシュトーレンがかたくなるので、混ざりきらない程度に混ぜるのがちょうどよい。発酵の目安は表面が平らになり、ブクブクと気泡が出ている程度。

2. 本生地を作る。ボウルにバター、きび砂糖、塩、アーモンドパウダーを入れてゴムベラでよく練り混ぜ（**B**）、泡立て器に持ち替えて白っぽくなるまで混ぜる（**C**）。溶いた卵を加えてさらに混ぜる（**D**）。
   ここでしっかりバターを撹拌して気泡を入れることで、生地の膨らみや食感がきめ細かくなり、このあとの中種との混ざりがよくなる。

3. ゴムベラに持ち替え、中種を加えてさっくりと混ぜる（**E**）。

4. 合わせた粉類を加えてカードで粉気がなくなるまで切り混ぜ（**F**）、生地をひとまとめにする（**G**）。
   中種が完全に混ぜきらないところで、粉類を加えると混ざりが早い。中種は粘り気があるので、完全にバターに混ざったあとに粉類を加えて混ぜると、混ぜきろうと力を入れるために、シュトーレンがかたく焼けてしまうのでタイミングに注意する。

5. ボウルに入れてラップを被せ、常温で1時間ほど、2倍の大きさに膨らむまで発酵させる（**H**）。

6. 生地を台に置いて軽く押さえて空気を抜き、麺棒で15×20cmの縦長にのばす（**I**）。

7. 餡を作る。桜の塩漬けは水気をよくふき、あれば軸を取り除いて残りの材料と混ぜる（**J**）。

8. 餡をのせ（**K**）、包んで成形する（**L**）。両端の生地も閉じて餡が漏れないようにする。

18〜20℃のバター［ショートニング性＆クリーミング性］

9　型に入れ（**M**）、濡れ布巾を被せて常温で70〜90分二次発酵させる。

10　生地が型の縁ギリギリまで膨らんだら（**N**）、オーブンシートを被せて天板を当て、ひっくり返す（**O**）。その状態で温めたオーブンで25〜30分焼く（**P**）。
表面が薄いきつね色程度だと中まで焼けていない。焼き色がしっかりつくまで焼き込むことが大切。

11　型から外してケーキクーラーの上にのせ、すぐに熱々の溶かしバターをたっぷり塗る（**Q**）。生地がバターを吸ったら、そのまま粗熱を取る。
伝統では澄ましバターだが、少量の澄ましバターを作るのは難しい上、今は冷蔵庫で保存できるので、バターの旨みがすべて溶けた溶かしバターを染み込ませるのがおすすめ。また溶かしたバターは生地が熱い状態でないと染み込まない。

12　温かいうちにグラニュー糖を全体にまぶし（**R**）、完全に冷ます。
グラニュー糖をまぶすことで、シュトーレンに小気味よいジャリッとした食感がプラスされる。

13　粉砂糖を白くなるまで2〜3回たっぷりまぶす（**S**）。ラップで包んでさらにアルミ箔で包み（**T**）、冷蔵庫で1週間ほど寝かせると食べ頃。
生地自体は甘くないのでこの砂糖と餡で味のバランスを取らなくてはいけない。またたっぷりと粉砂糖をまぶし、アルミ箔で包むことで保存性が高くなる。

半溶けバター

クランブルマフィン（recipe → P.76）

/ 半溶けバター

クランブルマフィン

手軽に作れるイメージのマフィン。
カトルカール（P.54）のような作り方でマフィンを作ると、
劇的に美味しくなりますが、手間がかかります。
とはいえ、液体の油脂で作ると、でき立ては美味しいのですが、
冷めるとパサついたり、油が浮いてじっとりした食感になってしまいます。
特に溶かしバターで作ると、その傾向がより出がちです。
そこでマフィン生地の手軽な製法は変えずにバターをほどよく緩めて、
半溶けの状態で加えてみることにしました。
液体にも近いので粉との馴染みが抜群によくなり、
多少のクリーミング性が残っていて
冷めても生地がふんわりしっとり仕上がります。

〈 材 料 〉 直径6cmのマフィン型・6個分

クランブル
- バター … 15g
- グラニュー糖 … 15g
- 薄力粉 … 15g
- アーモンドパウダー … 15g

生地
- バター … 90g
- 卵 … 2個
- グラニュー糖 … 100g
- 牛乳 … 30g
- 生クリーム（または牛乳）… 20g
- 薄力粉 … 150g
- ベーキングパウダー … 4g

〈 下準備 〉

* クランブルのバターは粗く刻み、冷蔵庫で冷やしておく。
* 牛乳と生クリームを合わせて常温に戻しておく。
* 薄力粉とベーキングパウダーは合わせてザルでふるっておく。
* 湯煎の湯（70〜80℃）を用意しておく。
* 型にグラシンカップを敷いておく。
* 焼くタイミングに合わせ、オーブンを180℃に予熱する。

〈 作り方 〉

1 クランブルを作る。ボウルにバター以外の材料を入れてゴムベラでひと混ぜする。バターを加えて切り混ぜ、そぼろ状にして冷蔵庫で冷やす。
クランブルは粉状に混ぜるより最後に手で軽く握り、ランダムな大きさの粒状になっているほうが食べたときの食感がよい（**A**）。

2 生地を作る。小さめのボウルにバター半量を入れ、湯煎に当てて溶かす（**B**）。残りのバターを加え（**C**）、湯煎から外して滑らかになるまでゆっくり混ぜ、白濁したとろみのある半溶けバターを作る（**D**）。
半分溶かし、残りの半分で急冷するようなイメージ。あまり熱い湯煎で作ってしまうと失敗しやすいので注意する。かたくなったら湯煎に適宜当ててバターを緩める。

3 別のボウルに卵とグラニュー糖を入れ、ボウルの底を湯煎に当てる。ハンドミキサーの低速で混ぜて卵液のコシを切りながら人肌程度まで温め（**E**）、湯煎から外す。
卵を湯煎に当てると、グラニュー糖が馴染んで気泡が立ちやすい。またこのあと加えるバターが冷えてかたまらない。

4 ハンドミキサーを高速にし、さらに泡立てて白っぽくもったりしてくるまで泡立てる（**F**）。
   もったりしていても揺らすとまだ液状で、ミキサーのハネを持ち上げて卵液を垂らすと、卵液の泡の表面に筋が残らず、すぐに馴染む程度の緩さがよい。細かい気泡を適度に含ませることで、やわらかく弾力のあるふっくら感が生地に生まれる。しかしこのあと薄力粉を加えてだいぶ気泡が潰れるので、スポンジ生地を作るときのようにリボン状に垂れるまで泡立てなくてもよい。

5 泡立て器に持ち替え、バターを加えて混ぜる（**G**）（**H**）。

6 ふるった粉類を加えて軽く混ぜ、温めた牛乳と生クリームを加えて粉気が見えなくなるまで混ぜる（**I**）（**J**）。
   油脂は卵液の底に溜まりやすいので、混ぜ残りがないように気をつける。

7 準備した型にカードですくって生地を入れ（**K**）、上からクランブルを散らして軽く表面を押さえて押し込む（**L**）。
   軽く押し込むことで焼き上がり時に型の外に落ちず、均一に張りついて広がる。

8 温めたオーブンで18〜20分焼く。竹串を刺し、生の生地がついてこなければ焼き上がり。型ごとケーキクーラーの上で粗熱を取る。

/ 半溶けバター

アールグレイとポピーシードのケーキ

カトルカール（P.54）の生地のようなどっしり重い質感ではなく、
軽さとふっくら感がある、しっとり焼き上がるケーキです。
ただ大きな型で焼くと、焼成時間が長くなるので
薄力粉の割合を少なくして卵をよく泡立て、生地を作ります。
食べやすくさっぱりした味にできるので、
チーズクリームを仕上げにのせても美味しいです。
またクランブルマフィン（P.76）のようにクランブルをのせて焼くのもおすすめです。

〈 材料 〉 直径15cmの丸型・1台分

生地
- バター … 100g
- 卵 … 2個
- グラニュー糖 … 100g
- きび砂糖 … 20g
- レモンの表皮（あれば）… 1/2個分
- 薄力粉 … 110g
- ポピーシード（青）… 20g
- 茶葉（アールグレー）… 3g

チーズクリーム
- クリームチーズ … 100g
- バター … 20g
- グラニュー糖 … 20g
- レモン果汁 … 小さじ1

〈 下準備 〉
* 卵は常温に戻しておく。
* 薄力粉はザルでふるっておく。
* 茶葉は大きければ乳鉢などですり、細かくしておく。
* 湯煎の湯（70～80℃）を用意しておく。
* 型にオーブンシートを敷いておく。
* チーズクリームの材料を合わせて混ぜておく。
* 焼くタイミングに合わせ、オーブンを170℃に予熱する。

〈 作り方 〉

1 小さめのボウルにバター半量と、あればレモンの表皮を入れ、湯煎に当てて溶かす。残りのバターを加え、湯煎から外して滑らかになるまでゆっくり混ぜ、白濁したとろみのある半溶けバターを作る。

2 別のボウルに卵、グラニュー糖、きび砂糖を入れ、ボウルの底を湯煎に当てる。ハンドミキサーの低速で混ぜて卵のコシを切りながら人肌程度まで温める。
気泡性の高まる温度は40℃前後。

3 2を湯煎から外してハンドミキサーを高速にし、さらに泡立てて垂らしたときにリボン状になるまで泡立てる。低速にして静かに1分混ぜ、気泡のキメを整える。
薄力粉の分量を控えたので卵をしっかり泡立て、よりふっくら膨らむようにする。

4 ふるった薄力粉を加え、ゴムベラで粉気が見えなくなるまで混ぜる。

5 1を加えて油脂の筋が見えなくなるまで混ぜる。茶葉とポピーシードを加えて混ぜ、生地に艶が出てくるまで15～20回混ぜる。
茶葉などの副素材を生地に加えると、焼成時に生地の水分を吸ってパサついてしまうので、香りが好みだからと多量に加えないようにする。

6 型に生地を流し入れ、温めたオーブンで焼く。生地の中心に竹串を刺し、生の生地がついてこなければ焼き上がり。
オーブンの熱源の位置やコンベクションの熱風の方向などにより、生地が不均等に膨らんでしまうことがあるので適宜オーブンを覗いて位置を動かしたり、回転させたりして熱の当たりを均一にする。

7 型ごとケーキクーラーの上で粗熱を取る。粗熱が取れたら、型とオーブンシートを外してチーズクリームを表面に塗り広げる。

/ 半溶けバター

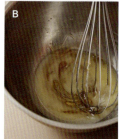

〈材料〉 直径8cm・12〜15枚

バター … 30g
はちみつ … 25g
バニラエッセンス … 1〜2滴
薄力粉 … 25g
粉砂糖 … 50g
塩 … ひとつまみ

〈下準備〉

＊薄力粉、粉砂糖、塩は合わせてザルでふるっておく。
＊湯煎の湯（70〜80℃）を用意しておく。
＊天板にバター（分量外）を薄く塗っておく。
＊焼くタイミングに合わせ、オーブンを180℃に予熱する。

〈作り方〉

1 小さめのボウルにバター半量を入れ、湯煎に当てて溶かす。残りのバターを加え、湯煎から外して滑らかになるまでゆっくり混ぜ、白濁したとろみのある半溶けバターを作る（**A**）。

2 はちみつとバニラエッセンスを加えてよく混ぜる（**B**）。

3 ふるった粉類を加え、粉気が見えなくなるまでさっと混ぜる（**C**）。
粉気が見えなくなればよい。たくさん混ぜてしまうと、きれいな円状に焼けなくなったり、亀裂ができて焼けてしまうので注意する。

4 天板に生地を小さじ1ずつ5cmほど間隔を置いてのせ、水で濡らした指の腹で1〜2mm厚さになるように直径3cmの円形に広げる（**D**）。
焼成中は生地が広がるので、必ず間隔をあけて天板に置くこと。表面は多少凸凹していても気にしなくてよい。またベタついた生地なので、指に水をつけるとのばしやすい。

5 温めたオーブンで6〜7分、網目状に広がり、キャラメル色に焼けるまで焼く（**E**）。天板ごとケーキクーラーの上にのせて1〜2分置く。生地がかたまってきたら、温かいうちにパレットではがし、トヨ型や麺棒などの上に置いて冷ます（**F**）。
生地に湾曲をつけたくないときは、そのまま天板の上で冷ます。

はちみつのチュイル

フランス語で「瓦」という意味のチュイル。
薄く焼いたもの、という共通項はありますが、
実は製法も材料もまったく違うお菓子がいくつもあります。
このチュイルは薄力粉があまり入らない、バターと糖分でできたお菓子です。
簡単に説明すると、天板の上で焼いてキャラメル化させた薄いあめのようなもの。
練ったやわらかいバターで作っても、溶かしバターでもあまりうまく作れません。
半分溶けた状態のバターは、ショートニング性によって
材料に素早く混ざり合うことができ、
焼成時に初めて完全に溶けるので、油臭くならないというのも利点です。

〈材料〉 直径5〜6cm・15〜18枚分

バター … 50g
溶き卵 … 25g
薄力粉 … 120g
きび砂糖 … 100g
ベーキングパウダー … 2g
シナモンパウダー … 少々
トッピングシュガー（またはざらめ糖）… 30g

〈下準備〉

* 薄力粉、きび砂糖、ベーキングパウダー、シナモンパウダーは合わせてザルでふるっておく。
* 溶き卵は常温に戻しておく。
* 湯煎の湯（70〜80℃）を用意しておく。
* 焼くタイミングに合わせ、オーブンを170℃に予熱する。

〈作り方〉

1. 小さめのボウルにバター半量を入れ、湯煎に当てて溶かす。残りのバターを加え、湯煎から外して滑らかになるまでゆっくり混ぜ、白濁したとろみのある半溶けバターを作る。

2. 溶き卵を加え、泡立て器でよく混ぜる。ゴムベラに持ち替え、ふるった粉類を加えて粉気が見えなくなるまで混ぜる。ボウルの側面に生地を押しつけるようにしてさらにしっかり馴染ませる。

3. オーブンシートにのせて手で押して円盤状にする。上からラップを被せ、麺棒で3mm厚さにのばして冷蔵庫で3時間以上置いて休ませる。
   生地は冷めるとかたくなるので、この時点で型抜き直前の薄い状態まできれいにのばしておくとよい。

4. 直径5cmの抜き型で生地を抜き、オーブンシートを敷いた天板に並べる。
   生地が割れやすいので、抜き出すときに注意する。

5. トッピングシュガーをふり、温めたオーブンで18〜20分焼く。焼けたら天板ごとケーキクーラーの上にのせて粗熱を取る。

/半溶けバター

サブレクロッカン

薄くてザクザクに仕上げたクッキーが作りたくて、
フランスの地方菓子の"マカロン"をヒントに考えました。
半溶けバターにすると気泡が多少バターに取り込まれるので、
溶かしバターで作る生地より、軽いクリスピーな食感が生まれます。
また通常のクッキー生地よりはかたさが出るので、
薄くのばして生地を型で抜き、さっと短時間で焼成すると、
食べやすいかたさになります。

溶かしバター

マドレーヌ (recipe → P.86)

/溶かしバター

マドレーヌ

フランスの地方菓子のひとつで、
バター、卵、砂糖、粉がほぼ同量の配合で作った生地を
貝状の型で焼いたお菓子です。
似た配合のカトルカール(P.54)との違いは、
バターを最後に生地に加える点です。
こうすることでバターの香りと味が強く染み込んだお菓子になります。
ただ溶かしバターは生地の材料の間に混ざっているだけなので、
粘り気やグルテンの形成は抑えられません。
そのため生地は必ず休ませてから焼成すること。
また液体になったバターは気泡を含まないので、
ベーキングパウダーを加えて生地を膨らませる必要もあります。
溶かしバターで作るお菓子は、食感はバター以外のほかの材料で補うことが大切です。

〈材料〉 8cm長さのマドレーヌ型・8個分

バター Ⓐ … 50g

卵 … 1個

牛乳 … 小さじ1

バニラエッセンス … 1〜2滴

A｜上白糖 … 40g
　｜きび砂糖 … 5g
　｜アーモンドパウダー … 5g

B｜薄力粉 … 45g
　｜ベーキングパウダー … 1g

バター Ⓑ … 適量（ポマード状に練る）

強力粉 … 適量

〈下準備〉

＊卵は常温に戻しておく。

＊Aは合わせてダマがあれば潰して混ぜておく。

＊Bは合わせてザルでふるっておく。

＊型にハケでバターⒷを厚めに塗って強力粉をふり、余分な粉を払っておく。

＊焼くタイミングに合わせ、オーブンを190℃に予熱する。

〈作り方〉

1　ボウルに卵を入れ、泡立て器で混ぜてコシを切る（**A**）。Aを加え（**B**）、よく混ぜる（**C**）。
　　卵白のコシが切れ、卵黄としっかり馴染んでシャバシャバになるまで溶いて糖分と混ぜる。混ぜ残りがある状態で薄力粉を混ぜるとマドレーヌの表面がかたくなり、生地にしなりが出て、口溶けが悪い焼き上がりになってしまう。

2　ふるったBを加え（**D**）、粉気が見えなくなるまで静かに混ぜる（**E**）。
　　グルテンを過剰に形成させないように泡立て器はワイヤーの付け根を持って固定し、縦にして卵液と粉類をゆっくり混ぜるとよい。

3 バター A は小鍋に入れて中火にかけ、沸騰してきたら火から外して熱々のまま2に加えて素早く混ぜる（F）（G）。全体が馴染んだら牛乳とバニラエッセンスを加え（H）、さっと混ぜる（I）。

溶かしバターは溶け立ての熱々を生地に混ぜると、バターの香りがしっかり移った生地になる。また温かいほうがより素早く生地に馴染む。牛乳を加えると、マドレーヌにフワッとしたやわらかな質感を与える。

4 生地表面にラップをぴったり貼りつけ（J）、冷蔵庫で置いて6時間休ませる。

生地は時間を置くと皮膜ができてしまうので、ラップは生地にぴったり貼りつけて休ませる。

/ 溶かしバター

5 型の筋に沿ってハケでポマード状のバター B を塗り（**K**）、冷蔵庫で15分置いて冷やす。焼く直前に取り出して強力粉をふり、型をひっくり返して余分な粉を落とす（**L**）。

こうすることで焼いた生地が型から外しやすくなり、型の模様がきれいに出る。また強力粉を使うのは、強力粉のほうが薄力粉より粒子が粗く、型に薄く張りついてダマにならないため。

6 カードで生地をすくって等分に型に入れ（**M**）（**N**）、温めたオーブンで12〜15分焼く。竹串を刺して生の生地がついてこなければ、焼き上がり。生地が冷えていなかったり、オーブンの予熱が十分でないと生地の中央が盛り上がらず、生地表面にプツプツと穴があき、おへそ（中央が盛り上がり、噴火したような跡）がない焼き上がりになる。このレシピでおへそができずに焼けると、ベーキングパウダーが熱による膨張でガスが生成されたまま、生地から抜けていない可能性がある。そういったマドレーヌは後味が苦く、また生地内にガス臭さが残る。ただおへそが出ないように配合されたレシピもあるのですべてのマドレーヌに適用されるものではない。

7 ケーキクーラーにオーブンペーパーを敷き、その上にマドレーヌを取り出して粗熱を取る（**O**）。

焼き立てのマドレーヌをケーキクーラーに直接のせると、網の跡が生地につく。また5分ごとに裏返して粗熱を取ると、ぷっくり膨らんだおへそ側も、貝の模様がついた側も潰れずに、膨らんだきれいな形のまま冷ますことができる。

溶かしバター

〈材料〉 直径18cmのマンケ型・1台分

- バターⒶ … 40g
- 卵 … 2個
- グラニュー糖 … 80g
- アーモンドパウダー … 50g
- はちみつ … 10g
- ラム酒 … 5g
- バニラエッセンス … 2〜3滴
- A │ 薄力粉 … 5g
  │ 強力粉 … 10g
  │ コーンスターチ … 10g
  │ ベーキングパウダー … 1g
- バターⒷ … 適量（ポマード状に練る）
- アーモンドスライス … 15g

〈下準備〉

* 湯煎の湯（70〜80℃）を用意しておく。
* バターⒶは湯煎に当てて溶かしておく。
* Aの粉類は合わせてザルでふるっておく。
* 焼くタイミングに合わせ、オーブンを170℃に予熱する。

〈作り方〉

1. 型の内側にハケでバターⒷを薄く塗り（A）、型を斜めにしながら回してアーモンドスライスを全体に貼りつけ（B）、冷蔵庫で置いて冷やす。
   アーモンドが重なった部分は生地が行き渡らず、陥没したような跡が残ってしまうので重ならないように注意する。

2. ボウルに卵、グラニュー糖、アーモンドパウダー、はちみつを入れて湯煎に当てながら泡立て器で混ぜて人肌程度になるまで温める。
   卵にグラニュー糖を溶かし、しっかりはちみつと馴染ませると、しっとりした質感の生地になる。グラニュー糖の溶け残しを残したまま次の工程に進むと、過剰に膨らんだりパサつきのある生地になってしまうので注意する。

3. 2を湯煎から外し、ハンドミキサーの高速でもったり白っぽくなるまで泡立てる。
   すくってもゆっくり流れる程度が目安。気泡を加えると粉類が混ざりやすく、グルテンが出にくい。

4. ラム酒とバニラエッセンスを加え、さっと混ぜる。

5. ふるったAを加え、ゴムベラで粉気が見えなくなるまで混ぜる。
   粉気が見えなくなる程度で終え、あまり多く混ぜないこと。

6. 溶かしたバターⒶを加え、油脂の筋が見えなくなるまで混ぜ、型に流し入れる。
   溶かした液体のバターはボウルの底に溜まりやすいのでゴムベラで底からすくい、ムラがないように混ぜる。

7. 温めたオーブンで30〜35分焼く。熱いうちにオーブンシートを敷いたケーキクーラーを被せ、型ごとひっくり返す。型を外し、ケーキクーラーの上で冷ます。
   熱い生地はもろく壊れやすいので、注意しながら型から外す。

パン・ド・ジェーヌ

フランス語で「ジェノバのパン」という意味で、
アーモンドをたっぷり使ったケーキです。
専用のパン・ド・ジェーヌ型やマンケ型で作られることが多いですが、
小さく焼いたり、マルグリットのような大きな型で作ることもあります。
生地を楽しむお菓子にするため、ただふんわりしたスポンジ生地にしたり、
重いパウンドケーキのような生地にせず、
今回はアーモンドとバターの濃厚な香り、味を前面に出した
みっしりした生地になるように小麦粉を極力少なくしています。
口の中でホロホロと崩れるような食感はコーンスターチが生み出します。

/溶かしバター

ホットケーキ

バター、粉、卵の旨みを楽しめるお菓子を
さらにフカフカでやわらかい食感のレシピにしています。
ポイントはダマを作らずに最小限で混ぜること。
また粉を混ぜてすぐに焼くので、必要以上に混ぜて刺激をすると
グルテンが出て弾力が強くなり、口溶けが悪くなるので注意してください。

〈 材料 〉 直径15cm・2～3枚分

バター A … 20g
卵 … 1個
牛乳 … 125g
プレーンヨーグルト（無糖）… 15g
バニラエッセンス … 1～2滴
A｜薄力粉 … 150g
　｜グラニュー糖 … 30g
　｜きび砂糖 … 10g
　｜塩 … ひとつまみ
　｜ベーキングパウダー … 5g
　｜重曹 … 3g
バター B … 適量
メープルシロップ … 適量

〈 下準備 〉

* バター A は湯煎に当てて溶かしておく。
* 卵と牛乳は常温に戻しておく。
* A は合わせてザルでふるっておく。

〈 作り方 〉

1 ボウルにふるったAを入れ、中央を凹ませる。その凹みに卵、牛乳1/3量、プレーンヨーグルト、バニラエッセンス、溶かしたバター A を加え（A）、ゆっくり円を描くように混ぜ始める。途中で残りの牛乳を少しずつ加えて混ぜ（B）、滑らかな生地にする（C）。
水分を少しずつ加えて混ぜていくとダマができにくく、また早く混ざる。

2 フライパンにバター B を入れて中火で温め、レードルで生地を流し入れる。蓋をして弱火で4～6分焼く。焼き色がつき、表面にプツプツ穴があいてきたら表面が乾かないうちにフライ返しでひっくり返す（D）（E）。

3 裏面も同様に焼いて皿に盛り、残りの生地も同様に焼く。

4 皿に盛り、バター B をのせてメープルシロップをかけて食べる。

レモンバターカステラ

ショートケーキなどに使うスポンジ生地。
そのまま食べても美味しいので、個人的によく作ります。
今回はバターの味と卵のコク、砂糖の甘さがこっくりと味わえる、
レモンが香るカステラ風にしてみました。
上白糖やきび砂糖で作ると、生地がしっとり焼き上がります。
また溶かしたバターだけでなく、牛乳を少し足して加えると、
バターの味はしっかり残りつつ、後味がさっぱりする生地になります。

/ 溶かしバター

〈材料〉 直径15cmの丸型・1台分

卵 … 2個
きび砂糖 … 20g
上白糖 … 50g
塩 … ひとつまみ
レモンの表皮 … 1個分（ゼスターやおろし金で削る）
レモン果汁 … 小さじ1
A ┃ バター … 30g
　┃ 牛乳 … 20g
B ┃ 薄力粉 … 50g
　┃ ベーキングパウダー … 1g

〈下準備〉

* 卵は卵黄と卵白に分け、それぞれボウルに入れておく。
* 湯煎の湯（70～80℃）を用意しておく。
* Aは合わせ、湯煎にかけてバターを溶かしておく。
* Bは合わせてザルでふるっておく。
* 型にオーブンシートを敷いておく。
* 焼くタイミングに合わせ、オーブンを180℃に予熱する。

〈作り方〉

1 卵黄のボウルにきび砂糖を加え、ハンドミキサーの中速でもったりしてくるまで泡立てる。
卵黄は量が少ないと泡立ちにくいので、ボウルを固定して1か所だけを泡立てるように混ぜていくと泡立ちやすい。

2 泡立て器に持ち替えてAを加えて混ぜ、さらにBを加えて粉気が見えなくなるまで混ぜる。
Aは温かいまま加えること。

3 卵白のボウルに塩を加え、ハンドミキサーの高速で泡立てる。白っぽく泡立ってきたら上白糖を3回に分けて加え、その都度混ぜる。ツノの先がお辞儀する、少しかためのメレンゲを作る。

4 ハンドミキサーを低速にし、1分ほど混ぜてメレンゲのキメを整える。
メレンゲはなるべく潰さないように生地を混ぜ合わせたい。高速で一気に泡立てたメレンゲを低速で混ぜ、大きくてもろい気泡を潰し、小さく強い気泡だけに揃えていく。気泡の大きさとキメが揃っていると、ほかの材料と混ぜても潰れにくい。

5 2に4のメレンゲ1/3量を加え、泡立て器で馴染むまで混ぜる。残りのメレンゲは2回に分け、メレンゲを潰さないように底からすくうように繰り返し混ぜる。
1回目のメレンゲは生地とメレンゲのかたさを寄せるために加えているのでラフに混ぜてもよいが、そのあとの2回は慎重に素早く混ぜていく。

6 ゴムベラに持ち替え、レモンの表皮とレモン果汁を加え、10～15回混ぜる。
酸味のある材料はメレンゲの気泡を潰すので、最後に加えること。

7 混ざったらすぐに型に流し入れて生地を平らにならす。型ごと数回落として空気を抜き、温めたオーブンで25～30分焼く。

8 熱いうちにオーブンシートを敷いたケーキクーラーを被せ、型ごとひっくり返す。オーブンシートごと型から外し、そのままケーキクーラーの上で冷ます。
熱い生地はもろく壊れやすいので、注意しながら型から外す。

バターキャラメル (recipe→P.98)

バターをたっぷり使って作るキャラメルは、
ほろ苦さにこっくりしたコクがプラスされます。
特にキャラメルはしっかり煮詰めたほうがほろ苦さが加わり、
バターの味の輪郭がくっきりと出てきます。
また水あめを使うことでやわらかく、滑らかな質感がキープされます。

／溶かしバター

/ 溶かしバター

〈材料〉 3cm四方・25個分
＊15cm四方の角型を使用。

バター … 30g
グラニュー糖 … 120g
水 … 小さじ2
A │ 生クリーム … 150g
　│ 水あめ … 100g
　│ 塩 … 2g

〈下準備〉
＊型にオーブンシートを敷いておく。

〈作り方〉

1 小鍋にAとグラニュー糖半量を入れて中火にかけ（**A**）、ひと煮立ちしたらバターを加えて溶かして火を止める（**B**）。
この作業がキャラメルの甘さとやわらかさの骨格になる。また何度も加熱するとバターの香りがなくなってしまうの、溶けたらすぐに火を止める。

2 別の小鍋に水、残りのグラニュー糖を入れて中火にかけ、ゴムベラで馴染ませて溶かし（**C**）、さらに煮詰めて濃い褐色になったら火を止める（**D**）。
グラニュー糖は溶け残りがあるまではゴムベラで混ぜてもよいが、沸騰して透明になったら鍋を揺るのみで刺激を与えないこと。刺激するとカラメルにならず、結晶化して真っ白になってしまう。もしそうなってしまったら、火を消して小さじ2程度の水を加え、弱めの中火で結晶化したグラニュー糖を溶かすとよい。

3 すぐに2に1を2～3回に分けて加えて混ぜる（**E**）。
この作業は素早く行う。ゆっくりしていると煮詰めたカラメルが炭化してしまうので注意する。

4 再び中火にかけて沸騰してきたら火を少し弱め、常に優しく混ぜながら115℃まで煮詰めて型に流し入れる（**F**）（**G**）。
やわらかいソフトな食感が好みなら110℃、かたい食感が好みなら118℃まで煮詰める。温度計がない場合は、氷水を用意して煮詰め途中のキャラメルをスプーンで少量すくい、氷水の中で急冷して指で押してかたさをチェックする方法もある（**H**）。指先で変形できたらちょうどよいかたさの目安。

5 型ごとケーキクーラーの上で粗熱を取り、冷蔵庫で冷やしかためる。
型にキャラメルを流し入れた直後は、とても熱くなっているので注意する。

6 冷めたら型から取り出し、包丁で3cm四方に等分に切る。

/ 溶かしバター

塩キャラメルペースト

煮詰めたキャラメルに生クリームを混ぜると、
ペーストとして楽しめます。
形を保てるまで煮詰めるキャラメルよりも
手軽にバターキャラメルを楽しめます。
生クリームは水分が多く、甘さがぼやけるので
塩をしっかり効かせて甘さのキレをよくします。

〈材料〉 でき上がり分量・約150ml

生クリーム … 100g
塩 … 2g
バター … 35g
グラニュー糖 … 100g
水 … 大さじ1

〈作り方〉

1　小鍋に生クリームと塩を入れて中火にかけ、沸騰直前で火を止める。バターを加えて溶かす。

2　別の小鍋に水、グラニュー糖を入れて中火にかけ、ゴムベラで馴染ませて溶かし、さらに煮詰めて濃い褐色になったら火を止める。
グラニュー糖は溶け残りがあるまではゴムベラで混ぜてもよいが、沸騰して透明になったら鍋を揺するのみで刺激を与えないこと。刺激するとカラメルにならず、結晶化して真っ白になってしまう。もしそうなってしまったら、火を消して小さじ2程度の水を加え、弱めの中火で結晶化したグラニュー糖を溶かすとよい。

3　すぐに2に1を3回に分けて加え、その都度ゴムベラで混ぜる。清潔な瓶などに詰め、冷蔵庫で2週間保存可能。

焦がしバター

／焦がしバター

フィナンシェ（recipe → P.106）

/ 焦がしバター

フィナンシェ

フランス語で「金融家」という意味のお菓子です。
名前の通り、金の延べ棒（インゴット）を模した型で焼くのが主流。
生地に液体状のバターを加える作り方はマドレーヌと同じですが、
フィナンシェは卵白とアーモンドパウダーを加えた生地に焦がしバターを加えます。
焦がしといっても炭化させるほど煮詰めず、
焦げる直前の旨みが最も凝縮されて
芳ばしくなったベストポイントまで煮詰めるのが重要です。
焦がしが浅いと、ただ甘いだけの焼き菓子になってしまいます。
焦がしバターのまったりした香りを最大限に活かすには、
温かいうちに生地に混ぜ込み、すぐに焼くこと。
これで香り高いフィナンシェに焼き上がります。
また型には打ち粉をふらずに厚めにバターを塗って生地を流し込みます。
そうすることで型に塗ったバターが生地を揚げ焼きのようにし、カリッとかたい焼き上がりに。
クリスピーな外側とジュワッとしっとりした生地のコントラスト、
これがフィナンシェ最大の魅力です。

〈 **材料** 〉 8cm長さのインゴット型・10個分

バター A … 100g
卵白 … 100g
塩 … ひとつまみ
グラニュー糖 … 100g
水あめ（またははちみつ）… 20g
薄力粉 … 40g
アーモンドパウダー … 40g
バター B … 適量（ポマード状に練る）

〈 **下準備** 〉

＊薄力粉はザルでふるっておく。
＊アーモンドパウダーはダマがあれば潰しておく。
＊型にハケでバター B を厚めに塗っておく（**A**）。
＊焼くタイミングに合わせ、オーブンを200℃に予熱する。

〈作り方〉

1 ボウルに卵白と塩を入れて泡立て器でコシを切り（**B**）、グラニュー糖と水あめを加える（**C**）。泡立て器で白く泡立つ程度まで大きく混ぜる（**D**）。
とても濃厚で甘さのある生地になるので、卵白に気泡を混ぜ込み、その気泡の力で生地にふんわりした食感を与えて味とのバランスを合わせる。ただあまり泡立て過ぎないこと。

2 薄力粉とアーモンドパウダーを加え、粉気が見えなくなるまで混ぜる（**E**）（**F**）。
アーモンドパウダーは必ずダマがない状態を用意すること。ダマがあるまま加えてしまうと、最後までダマ状のまま残ってしまい、生地が変形して表面が凸凹に焼けてしまう。また混ぜ過ぎるとグルテンが形成されて焼き上がりがかたくなるので、油脂の筋が見えなくなったら、それ以上混ぜない。

3 バターAは小鍋に入れて中火にかける。沸騰してきたら泡立て器で混ぜ続け（**G**）、褐色に色づいたら（**H**）、鍋底を濡れ布巾に当ててそれ以上の加熱を抑える。
焦がしバターを作るときは、まずすべてのバターが溶けてから沸騰させるようにすること。溶けきれていないバターがある状態で沸騰してしまうと、煮詰まりの差ができてしまい、焦がしバターの旨みが薄くなり、焦げて苦くなる。またよいタイミングで鍋から外してもそのままだと煮詰り炭化してしまうので、たっぷり水を含ませた濡れ布巾に当てて加熱を止める。

4 3を熱いうちに2のボウルに加えてよく混ぜ（**I**）（**J**）、型に流し入れる（**K**）。
焦がしバターは温かいうちに生地に混ぜ、すぐに型に流して焼くと、焦がしバターの香りを生地に閉じ込められる。

5 温めたオーブンで14〜16分焼く。熱いうちにオーブンシートを敷いたケーキクーラーに型から外してのせ、粗熱を取る。
フィナンシェは高温で焼くので、生地が型から浮いて焼き色がつきにくい。そのため底面にしっかり焼き色がつくまで焼くように心掛ける。

グランフィナンシェ （recipe → P.110）

フィナンシェを大きく焼いたグランフィナンシェ。
サイズが大きい分、生地の質感はふんわりしたほうが食べやすいので
卵白はメレンゲに仕立て、その気泡の力でふんわりさせます。
ただそうするとアーモンドの味が軽くなってしまうため、
このレシピではアーモンドより濃い風味のヘーゼルナッツを使っています。
メレンゲとヘーゼルナッツを使うことで、
焦がしバターの濃厚な旨みを味わえるケーキにしています。

／焦がしバター

焦がしバター

〈材料〉 直径16cmのフラワーケーキ型・1台分

バターⒶ … 100g
ブランデー … 小さじ2
バニラエッセンス … 1〜2滴
卵白 … 110g
塩 … ひとつまみ
グラニュー糖 … 70g
ヘーゼルナッツパウダー（またはアーモンドパウダー）… 100g
A｜薄力粉 … 40g
 ｜コーンスターチ … 10g
 ｜きび砂糖 … 30g
バターⒷ … 適量（ポマード状に練る）
強力粉 … 適量

〈下準備〉

* Aは合わせてザルでふるい、ヘーゼルナッツパウダーと混ぜておく。
* 型にハケでバターⒷを厚めに塗って強力粉をふり、余分な粉を払っておく。
* 焼くタイミングに合わせ、オーブンを200℃に予熱する。

〈作り方〉

1 バターⒶは小鍋に入れて中火にかける。沸騰してきたら泡立て器で混ぜ続け、褐色に色づくまで加熱し、鍋底を濡れ布巾に当ててそれ以上の加熱を抑える。
　焦がしバターを作るときは、まずすべてのバターが溶けてから沸騰させるようにすること。

2 1にブランデーとバニラエッセンスを加えて混ぜる。

3 ボウルに卵白、塩、グラニュー糖1/3量を加え、ハンドミキサーの低速で卵白のコシをよく切り、高速にして泡立てる。卵白が真っ白く泡立ってきたら残りのグラニュー糖を2〜3回に分けて加え、すくってツノが立つ程度のかためのメレンゲにする。

4 メレンゲにふるった粉類を2〜3回に分けて加えてゴムベラで混ぜ（A）、1の焦がしバターを加えて混ぜる（B）。
　粉類が多いので、一度に加えて混ぜると、メレンゲの気泡を過度に潰してしまうため、2〜3回に分けて加える。潰さず混ぜるコツは先に加えた粉類が混ぜきる前に次の粉類を加えること。またフワッとした生地に液体のバターはとても混ざりにくいので、常にゴムベラでボウルの底からすくうように混ぜて効率的に手早く混ぜる（C）。

5 型に生地を流し入れ（D）、縁につけながら中央を少し凹ませてならし（E）、温めたオーブンで35〜40分焼く。
　卵白が多く、生地が膨らみやすいので、凹ませることでちょうどよく平らに膨らむ。

6 焼き上がったら型ごとひっくり返してケーキクーラーの上で粗熱を取る。

クレープ・シュゼット

キャラメルオレンジソースの中で軽く煮て、
クレープに味を染み込ませて食べるレストランのデザートです。
生地にもソースにもバターをしっかり効かせることで、
甘酸っぱいオレンジのソースの中にも
満足感のあるデザートを作ることができます。
生地は薄力粉と強力粉を混ぜて、
ソースで煮ても溶けない、もっちりした生地にしています。

焦がしバター

〈材料〉 直径22cm・7〜8枚

生地
- バターⒶ … 40g
- グランマルニエⒶ … 小さじ2
- 卵 … 2個
- 牛乳 … 250mℓ
- 薄力粉 … 40g
- 強力粉 … 40g
- グラニュー糖 … 20g
- 塩 … ひとつまみ

キャラメルオレンジソース
- グラニュー糖 … 35g
- バター … 30g
- オレンジジュース（100%のもの）… 200g
- レモン果汁 … 小さじ1
- オレンジの表皮（あれば）＊ … 1個分

バターⒷ … 適量
グランマルニエⒷ … 大さじ2
オレンジの果肉 … 適宜（薄皮から果肉を取り出す）

＊オレンジの表皮はゼスターやおろし金で削る場合は、そのまま煮て食べられる。ナイフで大きく削った場合はでき上がりに取り除く。

〈下準備〉

＊バターⒶは2〜3cm角に切る。

〈作り方〉

1. 生地を作る。バターⒶは小鍋に入れて中火にかける。沸騰してきたら泡立て器で混ぜ続け、褐色に色づくまで加熱し、鍋底を濡れ布巾に当ててそれ以上の加熱を抑える。焦がしバターを作るときは、まずすべてのバターが溶けてから沸騰させるようにすること。

2. 1にグランマルニエⒶを加えて混ぜる。

3. ボウルに薄力粉、強力粉、グラニュー糖、塩を入れて泡立て器でさっと混ぜ、卵と1を加えて粉気が見えなくなるまで混ぜる。

4. 3に牛乳を少しずつ加えて混ぜ、ザルで濾す。
濾すことで生地の混ぜ残りや卵のカラザなどの穀物が取り除け、より均一に滑らかに生地が混ざるので、焼き目がきれいになる。

5. 生地の表面にラップをぴったり貼りつけ、冷蔵庫で置いてひと晩休ませる。

6. 生地を軽く混ぜ返す。フライパンを弱めの中弱火にかけてバターⒷを溶かす。フライパンに5の生地をレードルで1杯弱流し入れ、フライパンを回して生地を広げる。
生地は水分が多いため、粉が沈殿していることがあるので、焼く直前にレードルで軽く混ぜておくことが大切。

7. 生地の周囲が乾いてきたら、菜箸で裏返して15秒程度さっと焼き、まな板などに取り出して粗熱を取る。残りの生地も同様に焼く。

8. キャラメルオレンジソースを作る。小鍋を中火にかけ、グラニュー糖を少しずつ入れながら溶かし、さらに濃い褐色になるまで煮詰めて火を消し、バターを加えてゴムベラで混ぜて溶かす。

9. オレンジジュース、レモン果汁、あればオレンジの表皮を加えて混ぜ、フライパンに移して火を止める。
オレンジの表皮は、ゼスターやおろし金で削る場合は、そのまま煮て食べられるが、ナイフで大きく削った表皮の場合は、でき上がりに取り除き、盛り付けないようにする。

10. 粗熱が取れたクレープを半分に折り、さらに三つ折りにする。9のフライパンに敷き詰め、中火にかける。

11. フツフツしてきたらグランマルニエⒷを加え、フランベして火を止める。好みでオレンジの果肉を加え、余熱で絡めて皿に盛る。

/ 焦がしバター

カヌレ

フランスはボルドー地方の伝統菓子・カヌレは、
波状の筋が入った釣鐘形の型で焼くのが慣わしのひとつです。
とろみもほぼないシャバシャバな液体に近い生地を
かたい個体になるまで焼き上げるため、焼成時間が長くなります。
生地はきび砂糖とバニラのコクと香りをまとわせ、
ガリッとしたほろ苦いカヌレの皮、
むっちりした生地の甘みと焦がしバターの風味のバランスを取っています。
そして小麦粉がとても少ない配合なので、
生地にダマができないように液体材料を加える手順が大切です。
本来型には蜜蝋で型の内側をコートしますが、バターでも問題ありません。
ただはちみつを少量つけておかないと独特の艶が出ず、
反対にはちみつを塗り過ぎると、
生地が型に張りついてしまうので加減には気をつけましょう。

〈材料〉 直径5.5cmのカヌレ型・8～10個分

牛乳 … 330g
きび砂糖 … 15g
バニラビーンズのさや … 1/2本分
バター A … 25g
ラム酒 … 25g
A │ 薄力粉 … 50g
　│ 強力粉 … 35g
　│ グラニュー糖 … 150g
B │ 卵黄 … 40g
　│ 卵白 … 10g
バター B … 適量（焼く日にポマード状に練る）
はちみつ … 適量

〈下準備〉

* Aは合わせてザルでふるっておく。
* Bの卵はよく混ぜておく。
* 焼くタイミングに合わせ、オーブンを210℃に予熱する。

〈作り方〉

1　小鍋に牛乳半量、きび砂糖、バニラビーンズのさやを入れて中火にかける。沸騰寸前で火を止め、蓋をする（A）。5分置いて残りの牛乳を加え、小さめのボウルに移してラップを被せて粗熱を取る。
蓋をすることで、バニラの香りを牛乳にしっかり移す。

2　別の小鍋にバターAを入れて中火にかける。沸騰してきたら泡立て器で混ぜながら（B）、褐色に色づくまで加熱し、鍋底を濡れ布巾に当ててそれ以上の加熱を抑える。
焦がしバターを作るときは、まずすべてのバターが溶けてから沸騰させるようにすること。

3　2にラム酒を加えて混ぜる（C）。

4 ボウルにAの粉類を入れて中央を凹ませて1の牛乳を少しずつ加えて泡立て器で静かに混ぜる（**D**）。
　牛乳は必ず粗熱が取れていることが大切。熱いままだと粉に火が通ってしまい、のり状になってしまう。また泡立て器はワイヤーの付け根部分を持ち、縦に静かに混ぜると、余計なグルテンが出ない。

5 Bの卵液と3を加え（**E**）、さらに泡立て器で静かに混ぜ（**F**）、ザルで濾す（**G**）。生地表面にラップをぴったり貼りつけ（**H**）、冷蔵庫で置いてひと晩休ませる。
　濾すことで生地の混ぜ残りや卵のカラザ、バニラビーンズのさやなどが取り除け、より均一に滑らかに混ざり合う。またラップをぴったり貼りつけると、皮膜ができるのを防ぎ、バターやバニラなどの香りが逃げない。

6 冷蔵庫から生地を取り出して常温に1時間ほど置き、ゴムベラでさっと混ぜる。
　長く焼成する生地のため、冷えた状態から焼くと生焼けになってしまうので注意する。

/ 焦がしバター

7 型の準備をする。ハケでバターⒷを型の内側に薄く塗り（**I**）、型の縁にはちみつを指で薄く塗る（**J**）。
　はちみつはほんの少量。多いと焼き上がった生地が型に張りつき、型から外せなくなってしまう。

8 生地を型の8分目まで注ぎ入れ（**K**）、天板に並べる（**L**）（**M**）。
　焼成前半、生地がかたまりかけると型から生地は浮き上がってくる。その際に浮き上がり過ぎて生地が漏れ出さないようにするため、型に流し入れる生地の量は8分目まで。

9 温めたオーブンで60分、真っ黒に焼き色がつくまで焼成する。すぐに型を外し、逆さまにしてケーキクーラーの上で粗熱を取る。
　カヌレを型から外す際に熱い油が流れ出てくることがあるので、取り出す際には厚めのミトンなどを手にはめるとよい（薄めだと、熱い油がミトンに染みて火傷の原因になる）。

ガトーウィークエンド

日本ではその名の通り「週末のケーキ」と呼ばれていますが、
もとは"ガトーヴォワイヤージュ（旅行用の日持ちするお菓子）"という
伝統菓子の枝分かれではないかと考えられています。
"ガトーヴォワイヤージュ"は長く保存しながら楽しめるように
マドレーヌと似た生地をかたく乾燥気味に焼き上げて
シロップ、ジャム、アイシングでコーティングして仕上げるお菓子。
ウィークエンドは全卵を泡立てて作る共立て法の生地の作り方です。
ただ従来の方法だと小麦粉の弾力が出て、乾燥気味に焼けてしまいます。
このレシピではそれを防ぐため、アーモンドパウダーで
もろさを加えて弾力を抑えた生地にしています。
焼き上がりにシロップを染み込ませ、
さらにジャムと洋酒の入ったアイシングをまとったケーキは
口に入れた瞬間に芳香と甘酸っさを感じることができます。

〈材料〉 18cmのパウンド型・1台分

バター … 90g
卵 … 2個
グラニュー糖 … 80g
薄力粉 … 70g
アーモンドパウダー … 10g
レモンの表皮 … 1/2個分
　（ゼスターやおろし金で削る）
レモン果汁 … 10g
シロップ
　レモン果汁 … 15g
　水 … 30g
　グラニュー糖 … 20g
あんずジャム（または好みのジャム）
　… 100g
アイシング
　粉砂糖 … 130g
　レモン果汁 … 10g
　ウィスキー（または水）… 10〜15g

〈下準備〉

* バターは2〜3cm角に切る。
* 薄力粉はザルでふるっておく。
* シロップの材料は混ぜてグラニュー糖を溶かしておく。
* 湯煎の湯（70〜80℃）を用意しておく。
* 型にオーブンシートを敷いておく。
* 焼くタイミングに合わせ、オーブンを170℃に予熱する。

〈作り方〉

1　小鍋にバターを入れて中火にかける。沸騰してきたら泡立て器で混ぜ続けて褐色に色づくまで加熱し（**A**）（**B**）、鍋底を濡れ布巾に当ててそれ以上の加熱を抑える（**C**）。
　焦がしバターを作るときは、まずすべてのバターが溶けてから沸騰させるようにすること。焦がしバターを使うことで、生地の断面がほんのり茶色になる。黄色の卵色にしたい場合は、焦がしバターを茶漉しで濾し、乳漿（にゅうしょう）を取り除くとよい。

2　ボウルに卵を入れ、ハンドミキサーの低速で混ぜて卵を溶きほぐし、グラニュー糖を加えて混ぜる。
溶きほぐしてから泡立てないと、卵白の混ぜ残りができてしまい、生地が変形して焼けたり、生焼けの原因になったりする。

3　2のボウルの底を湯煎に当て（**D**）、ハンドミキサーの低速でさらに混ぜ、人肌程度になるまで温める。
卵の気泡性がよくなる温度は、40℃前後。

4　ボウルを湯煎から外し、ハンドミキサーを高速にして卵液が冷めてリボン状に垂れるまで泡立て（**E**）、再び低速で1分程度混ぜて気泡のキメを整える。
温めると泡立てやすくなるが、壊れやすい大きくもろい気泡が多い状態。泡立てが終わる頃までに温度が下がっていないと気泡が潰れてしまう。泡立て始めは40℃前後で、泡立て終わりには常温以下になっていると気泡が安定する。

5　ゴムベラに持ち替え、薄力粉とアーモンドパウダーを加え（**F**）、粉気が見えなくなるまで混ぜる（**G**）。
粉より粒が大きく、油脂分をまとっているアーモンドパウダーは卵の気泡を潰しやすいので、手早く混ぜる。

6　1の焦がしバターにレモンの表皮とレモン果汁を加え（**H**）、さっと混ぜて5の生地1/3量を加えて泡立て器で混ぜる（**I**）。
卵の気泡は液体油脂の焦がしバターや酸の強いレモン果汁に弱いので、一部の生地を少し混ぜて馴染ませてから本体の生地に戻し入れると、気泡が潰れにくい。

/ 焦がしバター

7 5に6も戻し入れ（**J**）、ゴムベラで底から返すように混ぜ、さらに艶が出てくるまで20〜25回混ぜる。
混ぜ上がりの目安は生地に艶が出て、逆三角形にリボン状に垂れる状態。

8 型に生地を流し入れ（**K**）、型ごと数回落として空気を抜き（**L**）、温めたオーブンで35〜40分焼く。途中10〜12分したら乾いてきた生地の表面にペティナイフで中央に3mm深さの切り込みを入れる（**M**）。
生地が緩いため、カトルカール（P.54）のように焼成前に切り込みを入れることはできない。

9 生地の中心に竹串を刺して生の生地がついてこなくなり、生地が膨らんで割れた生地にも焼き色がついてきたら焼き上がりの目安。型から型紙ごと外し、ケーキクーラーにのせる。

10 ケーキが熱いうちに混ぜておいたシロップをハケで全面に塗り、冷ます。
シロップは生地が熱いうちでないと、中まで染み渡らない。

11 小鍋にあんずジャムを中弱火にかける。沸騰してきたら火を弱め、ときどき混ぜながら固形の実があれば潰し、フツフツした状態で1分ほど煮る。熱々のジャムをハケでケーキ全体に薄く塗り、指で触れてもジャムがついてこなくなるまで1〜2時間乾かす（**N**）。

12 天板にケーキクーラーまたは網を置き、その上に生地を置き、オーブンを200℃に予熱しておく。

13 アイシングの材料を小さめのボウルに入れて泡立て器で混ぜ、湯煎に当てて40℃になるまで温める。ハケでケーキに薄く塗る。
アイシングの温度を温めると、粉砂糖が水分にしっかり馴染み、薄くのばせるようになる。

14 温めたオーブンの電源を切り、ケーキを入れて1〜2分置く。糖衣が半透明になってくるまで余熱で乾かし、オーブンから取り出してそのまま1〜2時間置く。完全に糖衣が透き通ってかたまったらでき上がり（**O**）。
アイシングを加熱して水分を飛ばすことで糖衣の透明度が上がる。ただ加熱し過ぎると、沸騰の気泡の跡が残ってしまうので注意する。

/ 焦がしバター

ベルギーワッフル

ベルギーのワッフルの生地は2種あります。
発酵させる生地と、ベーキングパウダーを使う生地です。
日本でベルギーワッフルとして認知されているのは前者のほう。
発酵とはいえ、2度の発酵が必要なパンと違い、
混ぜて膨らんできたら焼く、かなり手軽な生地です。
生地に焼いても溶けづらいパールシュガーを混ぜ込んで焼くので、
表面はカリッと、中がフワッとしつつジャリッと小気味よいアクセントに。
生地は卵の風味と焦がしバターで強烈な甘い香りと深い旨みが足され、
食感だけでなく、ひと口目から人を魅了する発酵菓子です。

〈 材料 〉 直径12cm・10枚分

バター … 120g
牛乳 … 150g
卵 … 2個
バニラエッセンス … 1〜2滴
A｜薄力粉 … 200g
　｜強力粉 … 50g
　｜ドライイースト … 5g
　｜グラニュー糖 … 40g
　｜塩 … ひとつまみ
パールシュガー … 100g
米油 … 適量

〈 下準備 〉

＊牛乳は600Wの電子レンジで1分ほど加熱して人肌程度に温めておく。
＊Aは合わせてザルでふるっておく。

〈 作り方 〉

1 小鍋にバターを入れて中火にかける。沸騰してきたら泡立て器で混ぜ続けて褐色に色づくまで加熱し、鍋底を濡れ布巾に当ててそれ以上の加熱を抑える。
焦がしバターを作るときは、まずすべてのバターが溶けてから沸騰させるようにすること。

2 ボウルに温めた牛乳、卵、バニラエッセンスを入れ、泡立て器で溶きほぐす。

3 ふるったAを加え、ゴムベラで粉気が見えなくなるまで混ぜる。

4 焦がしバターを加え、油脂の筋が見えなくなるまでしっかり混ぜ（**A**）、濡れ布巾を被せて常温で1時間発酵させる（**B**）。

5 ひと回りほど大きく膨らんだら（**C**）、パールシュガーを加えて軽く混ぜる（**D**）。

6 ワッフルメーカーに油を薄く敷き、生地1/10量をカードですくってのせ（型からはみ出ない程度）、上蓋を被せて弱火にかける。ときどき場所をずらしたり、上下を変えながら、まんべんなく焼き色をつける。残りの生地も同様に焼く。最初の1枚は表裏各10分、2枚目以降は表裏各9分ずつ焼く（**E**）。

「バターの溶かし加減で変わる風味」

溶かしバター

バターの香り、味とコクが感じられる。風味は弱いので、生地の香ばしさのあとにバターの香りや味がやってくる。さっぱりした味わいのお菓子にしたいときや、副素材の風味を入れるときに適している。また本来焦がしバターで作るレシピを溶かしバターで作ると、焦がしバターは煮詰まって水分が飛んでいる分、重量は20〜30％が減っているためバターの分量を加減しないと、やわらかくて油っぽいお菓子になってしまうので注意する。

軽めの焦がしバター

軽く煮詰め、ほんのりべっこう色になった軽めの焦がしバター。溶かしバターのミルキーな香りも残りつつ、焦がしバター独特の香りもする。溶かしバターのレシピにコク深く仕上げたいときにも、溶かしバターと焦がしバターの風味が味わえる。ただしっかり煮詰めた焦がしバターのコクはない。バターを煮詰めて作る焦がしバターは、フランス語でヘーゼルナッツ色のバター"ブール・ノワゼット"といわれ、こっくり赤茶色に煮詰めたものだが、作りたい味の好みで調整したいとき、この軽めの焦がしバターが活躍する。

焦がしバター（濾し）

しっかり煮詰めて作った焦がしバターは、鍋底に焦茶色の粒々、乳漿（にゅうしょう）ができる。風味は茶色く色づいた透明な液体のバターであるが、コクは下に沈殿しているその乳漿にある。そのため焦がしバターの香りのみを用いたいときには、茶濾しで濾し、乳漿を取り除いて生地に加えてもよい。そうするとこっくりした香りがありつつも、食べ心地は軽いお菓子を作ることができる。また糖度が高かったり、ドライフルーツや洋酒をたっぷり使用するような味わいのお菓子のときも、焦がしバターのコクがくどくなるので、乳漿を取り除くこともある。注意したいのは、泡立て器で混ぜると細かい乳漿が茶濾しでも取り除けなくなるので、溶けたバターを温めて沸騰してきてもなるべくかき混ぜないようにしながら煮詰めていく。そうすると煮詰まっていく中で乳漿同士がくっつき合い、粒が大きくなって濾しやすくなる。本書の焦がしバターの作り方で泡立て器で混ぜながら煮詰めていくのは、乳漿の粒を細かく仕上げ、均一に生地全体に濃い旨みを行き渡らせたいためである。

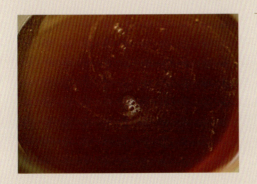

焦がしバター

ヘーゼルナッツ色の焦がしバターは、思っている以上に煮詰めて濃い色にしないといけないが、決して炭化させてはいけない。ベストな色味まで煮詰めると、それは芳醇でまったりした甘い香りをまとい、たとえ少量でもその存在を気づかせるくらい強い味わいがある。バターは溶けて沸騰してくると、白く細かい泡が出てきて溶けた油面が見えづらく、分かりにくい。ベストな焦がしバターを作るには、目だけでなく、鼻や耳など、五感フルにをバターに注力して煮詰めていくとよい。またバターを煮詰める際に使用する鍋肌の色は物によって、煮詰まっていくバターの色を濃く見せてしまう。生地に加える際に思ったほど煮詰まっていなかったということがあるので、使用する鍋の色味も差し引いて煮詰まり具合を判断するとよい。

バター菓子で使うおもな材料

1 バター
本書ではすべて食塩不使用の無塩バターを使います。ミルキーな香りのもの、コクがあるもの、後味がすっきりしているものなど、また発酵や非発酵のものなど、メーカーによって味もさまざまです。お菓子に合わせ、好みのバターを使ってください。

2 薄力粉
粉中のタンパク質量が低いのが薄力粉です。バターや卵と結びつき、サクサク、ふんわりさせるお菓子の柱となる材料です。お菓子作りにおいてどの時点で薄力粉を加えるか、どう混ぜるかで、でき上がるお菓子の食感が変わります。手軽に手に入る外国産でも、風味の強い国産の薄力粉を使ってもよいです。

3 強力粉
粉中のタンパク質量が高いのが強力粉です。生地にコシを与え、食べ応えある生地が作れます。本書ではレシピ中の粉の全量を強力粉では作らず、でき上がるお菓子の食感を調節しています。手軽に手に入るもので美味しく作れますが、最強力粉はタンパク質を多く含んでいるので生地がかたくなり、パサついてしまうので注意してください。

4 塩
塩気が優しい海塩を使います。砂糖の甘さ、バターや粉の旨みを引き立て、お菓子全体の風味をまとめてくれます。

5 グラニュー糖
本書ではグラニュー糖を使いますが、手に入らなければ上白糖でもよいです。ただ上白糖は甘みやコクが強いので、量を5〜10％減らしてもかまいません。また焼き色もつきやすいので、焼く際は焦げないよう注意してください。

6 きび砂糖
グラニュー糖以外にコクのある甘さのきび砂糖やはちみつも使います。グラニュー糖の代わりにきび砂糖全量でお菓子を作る場合は量を5〜10％減らしてください。また色味を反映して生地も茶色になることも念頭に置いて作るとよいでしょう。

7 卵
卵1個あたり（殻を除く）50〜55g、卵黄18〜20g、卵白30〜37gの重さ。常温に戻してから使います。卵黄は生地をサクッとしっとりさせ、材料同士をより密に繋ぐ効果があります。反対に卵白はカリッとさせ、気泡を取り込んで生地を膨らませて柱となる小麦粉を補助します。卵白と卵黄に分けて使ったり、全卵を使うこともあります。混ぜて使う場合は、焼きムラを防ぐため、よく溶きほぐしてから使います。

バター菓子で使うおもな道具

1　ハンドミキサー
バター、卵、生地を泡立てる際に使います。どんなタイプでもかまいませんが、本書では低速と高速を使い分けます。

2　カード
バターを刻んで粉に混ぜたり、小さな型に生地を入れる際に使います。少ししなる程度の、やわらかいものが使いやすいです。

3　温度計
シロップやキャラメルなどを的確な温度まで上げる際に使います。

4　ハケ
毛製、シリコン製のものがあります。余分な粉を払うときや、お菓子を焼く前に艶出しの塗り卵などを塗る際に使います。使用後は食器用洗剤でもみ洗いして、よく乾かしてください。

5　物差し
生地の大きさを測り、でき上がったお菓子を等分に切り分ける際に使います。先端が0から始まる物差しが使いやすいです。

6　麺棒
パイ生地やタルト生地をのばす際に使います。使用後は水洗いせず、濡れ布巾で汚れをふき、カビないようにしっかり乾かします。

7　ボウル
生地をすり合わせたり、混ぜたりする際に使います。直径18～24cm、大小2つのサイズがあるとよいです。

8　泡立て器
全長27cm程度のものが使いやすいです。

9　ゴムベラ
生地を混ぜる際に使います。ボウルの側面に馴染むものが使いやすいです。

10　ザル
粉類を細かくふるう際に使います。専用のストレーナーがあれば、それを使っても。網目の細か過ぎないものが目に詰まらず、使いやすいです。

11　バット
パイやタルトの生地を入れて冷蔵庫で休ませたり、カスタードクリームなどを冷やすときにあると便利です。

12　パレットナイフ
生地にクリームを均一に塗り広げるときに使います。

13　クランクナイフ
ケーキの仕上げにパレットナイフで塗ったクリームの表面をさらにきれいに整えます。

ムラヨシマサユキ

料理研究家。製菓学校卒業後、パティスリー、カフェ、レストランなどの勤務を経て、お菓子とパンの教室をスタートさせる。日々の暮らしの中にある"美味しい"を見い出し、繰り返し作れるシンプルなレシピを提案する。雑誌、書籍、テレビ、料理教室の講師、メニュー開発など多方面で活躍中。『冷蔵庫仕込みでじっくり発酵。カンパーニュ』『ムラヨシマサユキのチョコレート菓子 ぼくのとっておきのレシピ。』『作って楽しい食べて美味しい ムラヨシマサユキのシフォンケーキ研究室』『同じ材料でプチパンからベーグル、クッペまで。テーブルブレッド』『ムラヨシマサユキのスコーンBOOK』『ムラヨシマサユキのベーグルブック』（グラフィック社）など著書多数。

ムラヨシマサユキのバター菓子
温度と混ぜ方を変えて最高に美味しく作る。

2024年11月25日　初版第1刷発行
著者／ムラヨシマサユキ
発行者／津田淳子
発行所／株式会社グラフィック社
〒102-0073 東京都千代田区九段北1-14-17
tel. 03-3263-4318（代表）／03-3263-4579（編集）
https://www.graphicsha.co.jp
印刷・製本／TOPPANクロレ株式会社

定価はカバーに表示してあります。
乱丁・落丁本は、小社業務部宛にお送りください。
小社送料負担にてお取り替え致します。
著作権法上、本書掲載の写真・図・文の
無断転載・借用・複製は禁じられています。
本書のコピー、スキャン、デジタル化等の無断複製は
著作権法上の例外を除き禁じられています。
本書を代行業者等の第三者に依頼して
スキャンやデジタル化することは、たとえ個人や家庭内での
利用であっても著作権法上認められておりません。

©Masayuki Murayoshi 2024 Printed in Japan
ISBN978-4-7661-3961-7 C2077

写真／福尾美雪
装丁／高橋朱里（マルサンカク）
スタイリング／中里真理子
料理アシスタント／福田みなみ
校正／合田真子
編集／小池洋子（グラフィック社）